MW01520406

Manual de

Ortografía Práctica

Para aprender ejercitando

AUTOR
Equipo editorial

Montevideo - Buenos Aires - Bogotá
México D. F. - Madrid

eMail: info@latinbooksint.com
http://www.latinbooksint.com

CATALOGACIÓN EN LA FUENTE

372.6 (035) Manual de ortografía práctica / por Equipo Editorial. --
MAN Buenos Aires, Rep. Argentina : © Cultural Librera Americana S.A., 2003 ; Montevideo, Rep. Oriental del Uruguay : © Editora Sudamer S.A., 2004/2005.
128 p. : il. ; 20 x 29 cm.

ISBN 9974-7739-2-X

1. ORTOGRAFÍA. 2. ESCRIBIR BIEN. 3. REGLAS ORTOGRÁFICAS. 4. SINÓNIMOS. 5. ANTÓNIMOS. 6. HOMÓNIMOS. 7. HOMÓFONOS.

Realizado y editado en Argentina
Impreso en D'vinni Ltda.
Santafé de Bogotá - Rep. de Colombia
EDICIÓN 2004 / 2005

ISBN de la obra: 9974-7739-2-X

Manual de Ortografía Práctica

Para aprender ejercitando

QUERIDO AMIGO:

Creemos que te preocupan las faltas de ortografía. No sabemos si cometes muchas o pocas, pero estamos casi seguros de que te preocupan. Por eso hemos publicado este manual, para que lo consultes con tu familia y con tus compañeros.

Hemos tratado de que las reglas estén redactadas con la mayor claridad posible. Al final de cada apartado encontrarás algunos ejercicios que te ayudarán no sólo a fijar las reglas sino también a emplear correctamente los tiempos verbales y a ampliar el vocabulario: buscarás palabras en el diccionario, pensarás adjetivos gentilicios u ordinales y sustantivos abstractos. Siempre trabajando con textos muy actuales. Podrás comparar tus respuestas con nuestras correcciones y evaluar tu rendimiento.

Las reglas son importantes, pero también es cierto que existen palabras que no están contempladas por ninguna de ellas (¿pus?, ¿con s o con z?). En ese caso, es conveniente acudir al diccionario.

Muchas dudas pueden resolverse consultando las reglas, pero por sobre todas las cosas te ayudará tu razonamiento: ¿masita?, ¿con s o con c? Es el diminutivo de *masa*, que se escribe con s; por lo tanto, *masita* también va con s. Y, como éste, muchos ejemplos más...

Con la esperanza de poder serte útiles, te deseamos el mayor éxito en tus tareas, sin dudas ortográficas, porque juntos les diremos... ¡adiós a las faltas! Muchísima suerte.

LOS EDITORES

Hablemos de fonética

Cuando hablamos, utilizamos cadenas de sonidos. Si alguien nos dice "¡Qué alegría verte!", sabemos que dice eso exactamente porque suena de una determinada manera. O sea que, cuando hablamos, nuestras emisiones se distinguen por el oído, así como reconocemos las cosas por la vista. A veces, cuando hay ruidos, o la persona que está hablando lo hace en voz baja, o la que escucha tiene alguna disminución auditiva, puede ocurrir que no se entienda bien lo que dice.

Por lo tanto, si queremos saber cómo funciona una lengua, es importante estudiar los sonidos. Ellos son los que marcan las diferencias en nuestras emisiones.

LA FONOLOGÍA ESTUDIA LOS SONIDOS DE LA LENGUA.

Para recordar

Los sonidos y sus diferencias tienen una sola función en el lenguaje: diferenciar emisiones.

Si cambiamos alguna de las unidades de la palabra, cambia el significado de ésta.

Tomemos por ejemplo la palabra ***paso***, que está formada por cuatro unidades:

P. A. S. O.

¿Qué pasa si cambiamos alguna de ellas?

P	A	S	O
P	A	T	O
P	A	L	O
P	A	G	O
P	A	V	O
P	A	Ñ	O

FONEMA

• Cada una de las unidades o sonidos que se pueden diferenciar de otros en una lengua, se llama **fonema**.

ABECEDARIO O ALFABETO

• Cuando escribimos, utilizamos signos gráficos: las letras del abecedario o alfabeto.

a b c d e f g h i j k l m
n ñ o p q r s t u v w x y z

EN GENERAL, LAS LETRAS SON LAS REPRESENTACIONES GRÁFICAS DE LOS SONIDOS, PERO NO SIEMPRE SE CORRESPONDEN.

• Hay letras que representan más de un fonema:

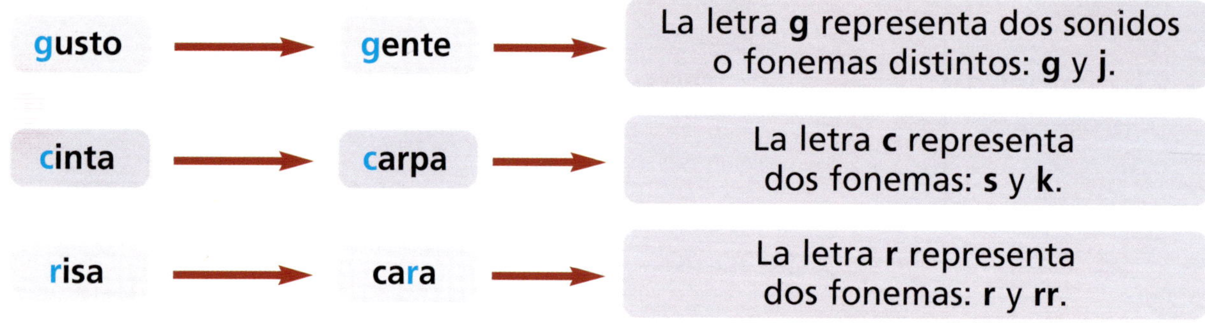

• Hay fonemas que son representados por más de una letra:

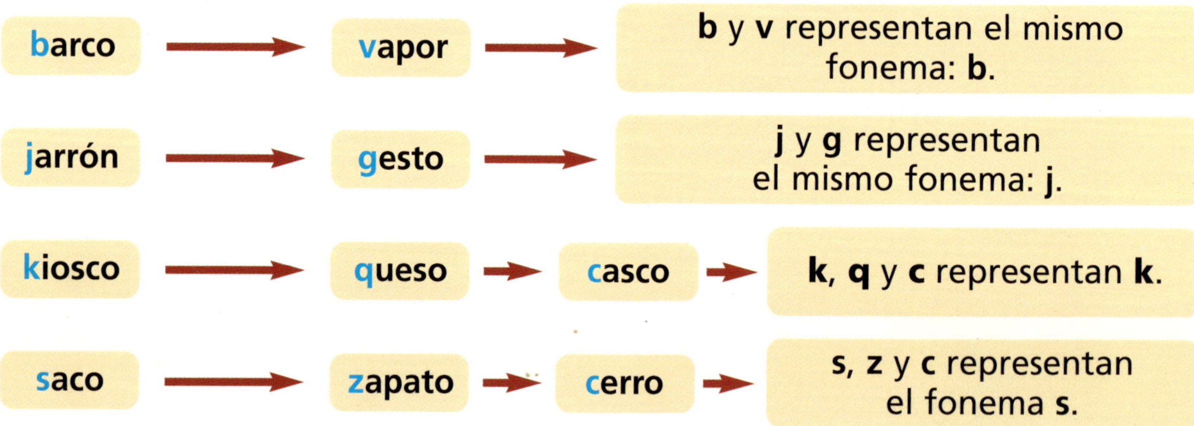

- Hay letras que representan un grupo de fonemas:

la letra **x** representa dos fonemas: **ks**. → é**x**ito (é**ks**ito)

- Hay letras que no representan ningún fonema:

hueso → **guiso** → **h y u precedidas por g y q.**

FONÉTICA

Los sonidos que producimos al hablar se diferencian unos de otros. ¿Por qué? Porque al hablar realizamos diferentes movimientos musculares, llamados articulaciones.

La mayor cantidad de movimientos articulares se produce en la cavidad bucal. Cada vez que acercamos nuestros labios, o colocamos la punta de la lengua detrás de los dientes, o cerramos nuestra dentadura, producimos modificaciones a las vibraciones de las cuerdas vocales. Eso ocurre cada vez que pronunciamos una consonante. En cambio, cuando emitimos vocales, mantenemos nuestros labios y dientes separados.

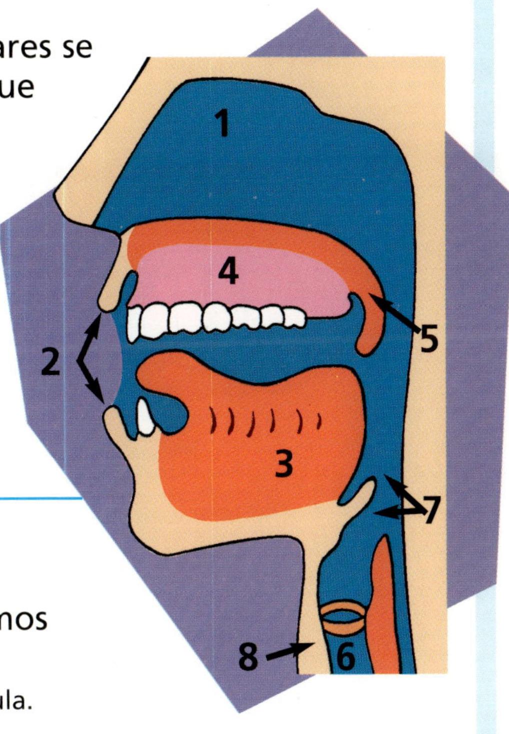

Corte longitudinal esquematizado del aparato fonador.

Para producir los diferentes sonidos, hacemos uso del aparato fonador:

1. Cavidad nasal. 2. Labios. 3. Lengua. 4. Paladar. 5. Úvula.
6. Cuerdas vocales. 7. Faringe. 8. Laringe.

LA FONÉTICA ESTUDIA CÓMO SE PRODUCEN LOS SONIDOS Y LAS ARTICULACIONES DE LOS FONEMAS.

Cuando hablamos, por lo general, los pulmones no están en reposo, sino que expulsan el aire activamente. El ritmo con que lo hacen se corresponde con las unidades que llamamos sílabas.

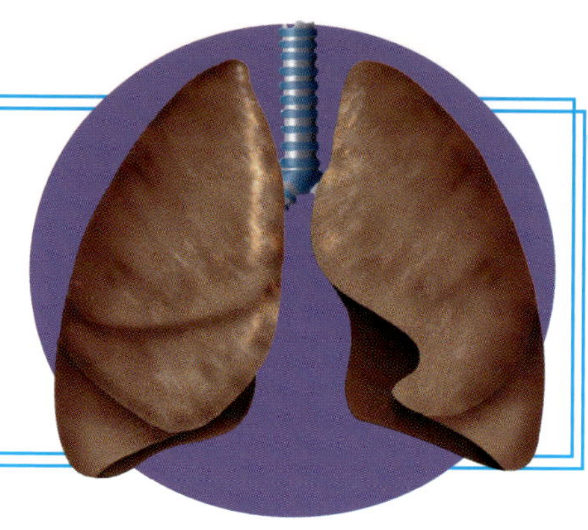

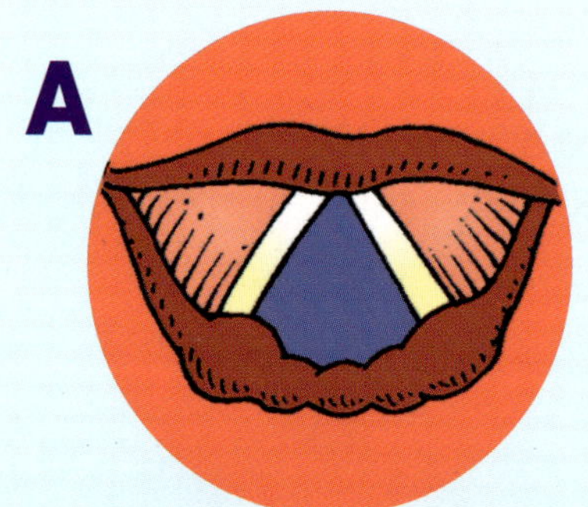

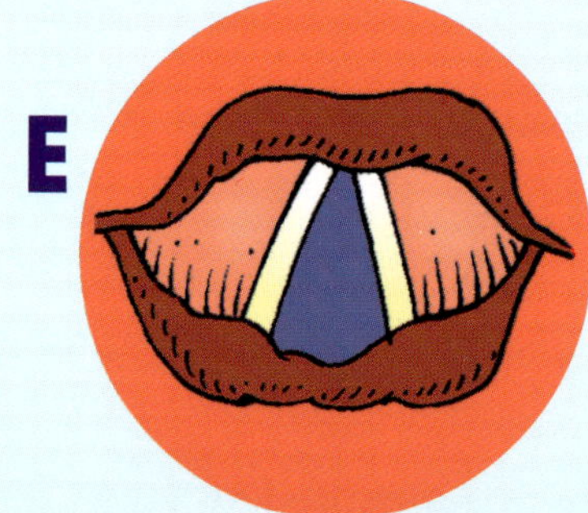

Las cuerdas vocales son importantísimas para emitir los sonidos. Están en la laringe. En estado de reposo, se relajan y permiten el paso del aire casi sin ruido. Pero, cuando se encuentran en tensión, producen vibraciones que son modificadas y amplificadas en la cavidad bucal, y transmitidas por la columna de aire que expulsan los pulmones.

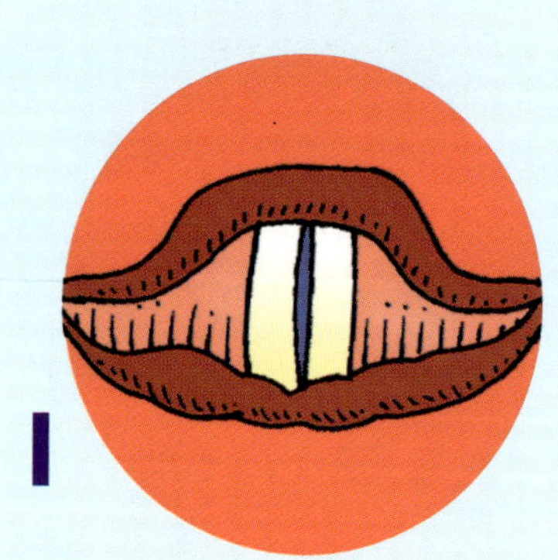

Las cuerdas vocales se separan más o menos según el sonido que quiera emitirse; son como dos elásticos que al vibrar producen sonidos. Puedes experimentar esto con una bandita elástica o tocando las cuerdas de una guitarra.

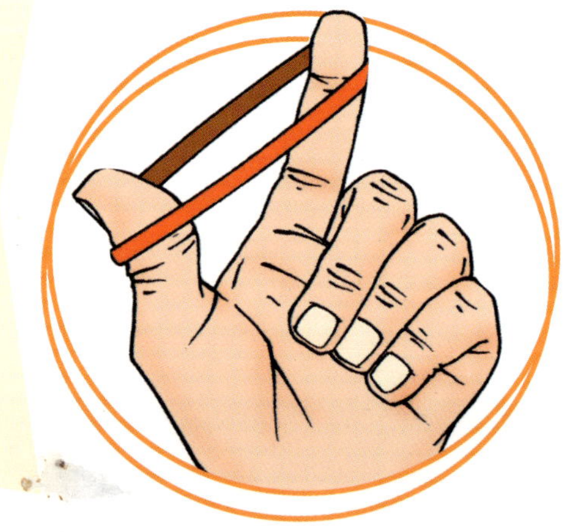

MODOS DE ARTICULACIÓN

• Cuando los órganos de articulación se aproximan pero no se unen, producen un sonido de fricción.

f s j → **Son consonantes fricativas**

• Cuando pronunciamos algunas consonantes, los órganos se unen y al separarse producen una pequeña explosión.

p t m → **Son consonantes oclusivas o explosivas**

PUNTOS DE ARTICULACIÓN

El **modo de articulación** se refiere al paso de la corriente de aire; el **punto de articulación** se refiere a la intervención de la lengua o los labios en la cavidad bucal.

• Cuando pronunciamos una **p**, una **m** o una **b**, los labios se acercan: se trata de consonantes **bilabiales**.

• Al decir una palabra con **t** o con **d**, la lengua golpea contra los dientes: ésas son consonantes **dentales**.

• Si se estrecha la garganta, como cuando decimos *gato*, *gusto*, *gorra*, *casa*, *costa*, *culto*, *kilo*, *queso*, son consonantes **guturales**.

• Si la lengua toca el velo del paladar, como cuando decimos *girar* o *jamón*, se trata de consonantes **velares**. Son velares la **g** (cuando suena como j) y la **j**.

• Algunas consonantes se pronuncian acercando la parte media de la lengua al paladar, como cuando decimos una palabra con **ñ** o con **ch**. Se trata de las consonantes **palatales**.

CONSONANTES SONORAS O SORDAS

Toda articulación consonántica puede estar acompañada de vibraciones laríngeas o hacerse sin la participación de las cuerdas vocales.

- Si las cuerdas vibran, las consonantes son **sonoras**: **b**, **d**, **n** y **g**, por ejemplo.
- Cuando no existe vibración, las consonantes son **sordas**: **p**, **j**, **f**, **t** y **ch**, entre otras.

VOCALES

Cuando pronunciamos la vocal **a**, la lengua permanece casi plana en la boca, en una posición muy cercana al reposo. Si se pasa de la **a** a la **e** y a la **i**, la lengua se eleva, avanzando cada vez más hacia el paladar. Por ese motivo, las vocales **e**, **i** se llaman **palatales** o **anteriores**.
Si la posición de la lengua es alta, como en la **i**, la vocal es **cerrada**, porque la lengua "cierra" el espacio de la cavidad bucal. La vocal **a**, como se pronuncia con la lengua baja, es **abierta** porque, al estar plana, la lengua no cierra la cavidad bucal.
La **e** es una vocal **media**, porque la lengua deja un espacio intermedio.
Al decir **o**, el cierre que se produce en la lengua es también intermedio pero, en este caso, la articulación se produce en la parte posterior de la boca y, además, ponemos los labios como una bocina.

Al decir la vocal **u**, la lengua sube más hacia la parte posterior del paladar y abocinamos aún más los labios. Vale decir, para clasificar las vocales tenemos en cuenta el grado de abertura (distancia que hay entre la lengua y el paladar) y el punto de articulación (lugar hacia donde la lengua se eleva).

Sistema vocálico español:

	Anteriores	Centrales	Posteriores
Altas (cerradas)	/i/		/u/
Medias (medias)	/e/		/o/
Baja (abierta)		/a/	

¿UNA O DOS CONSONANTES?

ch

La consonante **ch** representa un sonido que comienza oclusivo y se resuelve como fricativo. Por ese motivo, a esta clase de consonantes se la llama **africada**.

A partir de 1994, la Real Academia Española decidió darle un nuevo ordenamiento a la **ch**. En los diccionarios posteriores a esa fecha, hay que ubicarla dentro de la consonante **c**, al final de las palabras que comienzan con **ce** y antes de las que comienzan con **ci**.

Ejemplos — **chicharra - chaleco**
choclo - marcha

ll

En algunas regiones de América, la consonante **ll** se pronuncia como **y**. Es decir, **y** y **ll** representan un mismo fonema (o sonido), por lo cual a veces se cometen errores en su escritura. Actualmente, la Real Academia Española la ubica dentro de la letra **l** en los diccionarios y enciclopedias, entre la última palabra con comienzo **li** y la primera con comienzo **lo**.

rr

No es una consonante, sino que se duplica la r cuando debe sonar fuerte entre vocales:

carro - arremeter - perrazo - arroz

LAS PALABRAS QUE TIENEN LOS MISMOS SONIDOS SE LLAMAN HOMÓFONOS.

¡Atención!

En algunas palabras de igual sonido, cambia el significado si las escribimos con ll o y:

pollo poyo — Me gusta el **pollo** asado.
El **poyo** es un asiento.

rallo rayo — ¿**Rallo** el queso ahora?
Cayó un **rayo** en el mar.

callado cayado — Estás muy **callado**.
El **cayado** es un bastón usado por los pastores.

¡A jugar y ejercitar!

1) En esta ensalada de letras se mezclaron los nombres de cinco animales. ¿Te animas a encontrarlos?

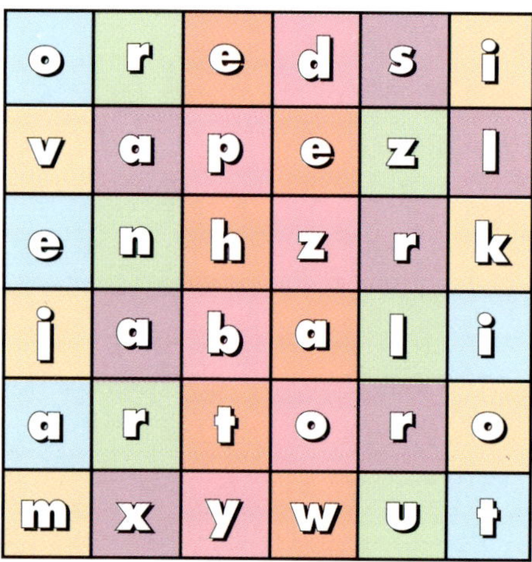

o	r	e	d	s	i
v	a	p	e	z	l
e	n	h	z	r	k
j	a	b	a	l	i
a	r	t	o	r	o
m	x	y	w	u	t

2) Vamos del *pato* a la *mesa* y del *loro* a la *tela* cambiando sólo una letra por vez. (Hay más de una manera de resolverlo.)

p a t o	l o r o
- - - -	- - - -
- - - -	- - - -
- - - -	- - - -
m e s a	t e l a

3) Un docente recibió la lista de los alumnos que se anotaron en su curso. Para escribirla en su registro de asistencias, debió ordenar los apellidos alfabéticamente. ¿Cómo habrá quedado la nueva lista?

Alumnos:

Kolima, Juan Ernesto
Rubio, Damián
Arbeins, Sol
Martínez, Florencia
Cossio, Gabriela
Dimaggio, Jorge
Pereyra, María Inés
Garrido, Luciana
Moncio, Gonzalo
Arroce, Francisco Julio
Chiosa, Luciana
Bercalla, Lorena
Lucero, Carina
Ales, Gustavo Carlos
Maldonado, Luisina
Alonso, Viviana
Domínguez, Fabiana
Espejo, Gabriel
Zorrilla, Juliana
Peralta, Francisco
Gálvez, Liliana Clara
Carella, Adriana
Zapata, Emilio Roberto

Algo más sobre los apellidos

a) ¿En cuáles la letra **c** tiene sonido suave?
b) ¿En cuáles tiene sonido fuerte?
c) ¿Cuántos apellidos llevan consonantes dobles (las que utilizamos en español)?
d) ¿En qué apellido una consonante tiene sonido vocálico?
e) ¿En qué apellidos la **r** tiene sonido **rr**?
f) ¿En cuál de todos una letra no representa ningún sonido?

1) Oveja, jabalí, toro, pez, rana.
2) Ejemplo: pato, paso, peso, pesa, mesa; loro, toro, tomo, temo, tema, tela.
3) Ales, Alonso, Arbeins, Arroce, Bercalla, Carella, Chiosa, Cossio, Dimaggio, Domínguez, Espejo, Gálvez, Garrido, Kolima, Lucero, Maldonado, Martínez, Moncio, Peralta, Pereyra, Rubio, Zapata, Zorrilla.
Algo más...: a- Arroce, Lucero, Moncio; b- Bercalla, Carella, Cossio; c- 4 apellidos: Chiosa, Bercalla, Zorrilla, Carella; d- la y en Pereyra; e- Arbeins, Martínez, Rubio; f- la **u** en Domínguez.

REGLAS DE SILABEO

Conocer las reglas de silabeo es fundamental para adquirir una ortografía correcta. Veamos paso a paso qué es la sílaba y aprendamos a separar bien las palabras. ¡Adelante!

LA SÍLABA

Es el grupo fonético más elemental; puede constar de uno o varios sonidos. Los sonidos articulados por el hombre se dividen en vocales y consonantes. Una vocal puede formar una sílaba, mientras que una consonante, para formar sílaba, debe agruparse con una vocal.

LAS VOCALES SE DIVIDEN EN ABIERTAS O FUERTES (A-E-O) Y CERRADAS O DÉBILES (I-U), SEGÚN LA MAYOR O MENOR DISTANCIA QUE CADA UNA REQUIERE ENTRE LA LENGUA Y EL PALADAR.

EL DIPTONGO

Es el grupo fonético formado por las vocales **cerradas** (i-u), combinadas entre sí o acompañadas cada una de ellas por otra vocal.

i

a	**ai (caimán) - ia (cianuro)**
e	**ei (peine) - ie (cielo)**
o	**oi (boina) - io (idioma)**
u	**iu (ciudad)**

u

a	**ua (cuarto) - au (causa)**
e	**ue (ruego) - eu (reuma)**
o	**uo (cuota) - ou (bou)**
i	**ui (cuidado)**

¡Cuidado!

No forman diptongo:

- dos vocales abiertas: te-a-tro, hé-ro-e, o-a-sis;
- cuando i, u llevan tilde: frí-o, sa-bí-a, ac-tú-o;
- cuando una vocal cerrada (con tilde o sin él) se repite: fri-í-si-mo.

EL TRIPTONGO

Es el grupo formado por tres vocales, una abierta entre dos cerradas, en la misma sílaba.

IAI: aliviáis | **UAI**: averiguáis | **IEI**: aliviéis | **UAY**: Uruguay (y final = i)

UEI: licuéis | **IOI**: hioides | **UAU**: guau | **IAU**: miau | **UEY**: buey (y final = i)

Al separar una palabra en sílabas, debemos recordar que los diptongos y los triptongos son **indivisibles**.
Si la unión indivisible de dos vocales se llama **diptongo**, la unión indivisible de dos consonantes se llama **grupo consonántico**. L y r son las consonantes que ocupan el segundo lugar en este grupo. Las que pueden ocupar el primer lugar son: b, c, d, f, g, p, t.

bloque - cláusula - frase - regla - aplazar - atlético
brazo - cruz - drama - flemático - agregado - empresa - trotar

REGLAS DE SEPARACIÓN EN SÍLABAS

1) Consonante entre dos vocales:

VCV   o - ro

EN LA REPRESENTACIÓN GRÁFICA, "V" SIGNIFICA VOCAL Y "C" CONSONANTE.

La consonante forma sílaba con la segunda vocal.

2) Dos consonantes entre dos vocales que no forman grupo consonántico:

VCCV   a - par - ta - do

La primera consonante forma sílaba con la primera vocal y la segunda, con la segunda.

3) Dos consonantes que forman grupo consonántico entre dos vocales:

VCCV   o - bli - cuo

Se separan como si fuera una sola consonante.

4) Tres consonantes intervocálicas de las cuales las dos últimas no forman grupo consonántico:

VCCCV   obs - tá - cu - lo

Las dos primeras consonantes forman sílaba con la primera vocal, y la tercera, con la segunda vocal.

5) Tres o más consonantes de las cuales las dos últimas forman grupo consonántico:

VCCCV   im - pre - sio - nan - te

ins - truc - ción

El grupo consonántico forma sílaba con la segunda vocal, y las otras consonantes, con la primera vocal.

6) Consonantes compuestas

ba - rro   ca - lle   o - cho

Se separan como si fuera una sola consonante.

7) Cuando la **x** forma el prefijo **ex,** hay dos posibilidades:

ex - á - ni - me   *o*   e - xá - ni - me

Cuando la **x** no forma prefijo, se une a la segunda vocal:

a - xi - la

8) Separación de prefijos

En el caso de los prefijos, nos encontramos ante dos posibilidades:

a) **prefijo ——— palabra simple**

in   escrupuloso

b) **de acuerdo con las reglas de separación en sílabas:**

i - nes - cru - pu- lo - so
(primera regla de separación en sílabas)

¡Cuidado!

¡Atención! Si la letra inicial de la palabra simple es h, existe una sola posibilidad de separación:

Prefijo	palabra simple
in	**hóspito**
des	**hacer**

9) La **h** no impide la formación de diptongos:

ahumar	ahu - mar
ahuyentar	ahu - yen - tar
ahijado	ahi - ja - do

10) Cuando dos palabras tienen existencia independiente y se unen para formar una sola palabra, la separación en sílabas se puede hacer en el punto de unión de las palabras o bien seguir las normas corrientes de silabeo:

bien-es-tar	**bie**-**nes**-tar
su-**per**-a-bun-dar	**su**-**pe**-**ra**-bun-dar
nos-o-tros	**no**-**so**-tros
mal-en-ten-di-do	**ma**-**len**-ten-di-do

¡Atención!

Si la vocal cerrada lleva tilde y por lo tanto no hay diptongo, la h se une a ella:

rahído	**ra - hí - do**
rehúyo	**re - hú - yo**
vahído	**va - hí - do**

Los prefijos son partículas con significado propio que se emplean anteponiéndose a palabras con la intención de formar nuevas. ¡Hay muchos prefijos! Poco a poco veremos los que presentan dificultades para la ortografía.

¡A jugar y ejercitar!

1) Ana separó en sílabas estas palabras y luego las escribió en las tiras, colocando cada sílaba en un cuadrito. ¿Qué palabra habrá escrito en cada tira?

duerme	**a-**	▭ ▭ ▭ ▭ ▭ ▭
carmín	**b-**	▭ ▭ ▭
zoonosis	**c-**	▭ ▭ ▭ ▭
sentimiento	**d-**	▭ ▭ ▭ ▭ ▭ ▭ ▭
pelear	**e-**	▭ ▭ ▭
poeta	**f-**	▭ ▭
rompecabezas	**g-**	▭ ▭ ▭
comprensivamente	**h-**	▭ ▭
inteligentemente	**i-**	▭ ▭ ▭ ▭ ▭
deshojar	**j-**	▭ ▭ ▭ ▭

---

2) A cada una de las palabras de la columna 1 corresponde un diagrama de la columna 2. Los globitos indican las sílabas, la conformación de éstas está indicada con V (vocal) y C (consonante). ¿Se animan a unir cada palabra con su diagrama correspondiente?

I		II
carpintero	**a-**	V · CVC · CV · CVVC
prensa	**b-**	CCVC · CV
presencia	**c-**	VC · CVVC · CCV
roedor	**d-**	CV · V · CVC
afirmación	**e-**	CVC · CVC · CV · CV
encuentro	**f-**	CCV · CVC · CVV

3) Para divertirse y agudizar el ingenio, les proponemos este juego (pueden participar varios jugadores individuales o de a grupos, si se hace en el aula). Sólo se necesitan papel, lapiceras y... un reloj. A la orden de inicio, hay que separar las palabras en sílabas y formar, con las sílabas obtenidas, nuevas palabras.
No valen nombres propios. Cuando se llega al final del tiempo establecido (eso lo deciden ustedes), hay que contar las palabras formadas y por supuesto... gana el que haya formado más. Otra posibilidad es ponerles puntaje a las palabras obtenidas, por ejemplo: 2 puntos a las de 2 sílabas, 3 puntos a las de 3 sílabas, etc.

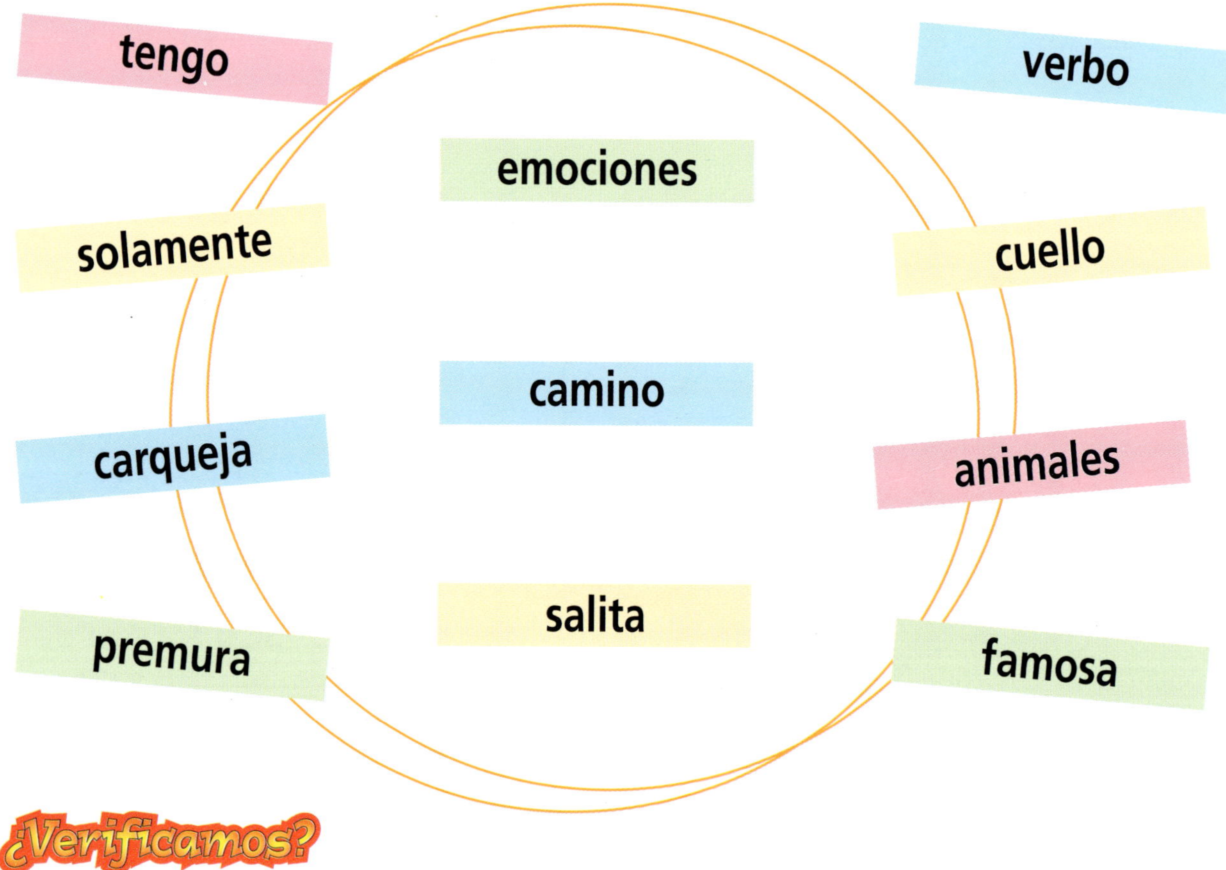

¿Verificamos?

1) Duerme, f; carmín, h; zoonosis, c; sentimiento, j; pelear, b; poeta, e; rompecabezas, i; comprensivamente, a; inteligentemente, d; deshojar, g.
2) Carpintero, e; prensa, b; presencia, f; roedor, d; afirmación, a; encuentro, c.
3) Ejemplos: raciones, amigo, mota, mono, callo, acallo, faja, anillo, gotea, agota, lago, boca, bollo, llover, verla, verte, molesta, fallo, cuela, cueles, cueca, versa, verles, presa, fallo, temen, mente, preciosa, tallo, sello, verso, botellones, menciones, canosa, canoso, afanes, fama, moja, aquello, boquete, quemen, maqueta, bolita, menciono, prever, limones, enoja, jamones, raqueta, jaqueca, anotaciones, jales, rallo, calloso, cargoso, cargosa, teja, etc.

REGLAS DE ACENTUACIÓN

En todas las palabras de más de una sílaba, hay una que pronunciamos con mayor intensidad: es la sílaba tónica. En la mayoría de las palabras españolas, esa sílaba no lleva marca. Cuando llevan marca, ésta se llama tilde, y su grafía es ´.

PALABRAS AGUDAS

Son aquellas que se acentúan en la última sílaba:

pared **solución** **caracol** **reloj**

cantó **ananá** **viví** **compás**

Llevan tilde cuando terminan en **n**, **s** o **vocal**:

corazón	**jamás**	**sofá**
vaivén	**revés**	**alhelí**

La **y** final, aunque se pronuncia como vocal, para los fines de la tildación se considera consonante:

virrey	**carey**	**convoy**

PALABRAS GRAVES

Son aquellas cuya sílaba tónica es la penúltima:

escritorio **cárcel** **entusiasmo** **volumen**

examen **líder** **lucha** **inútil**

Llevan tilde cuando no terminan en **n**, **s** o **vocal** (lo contrario de las agudas):

ángel	**lápiz**	**mártir**	**ónix**
árbol	**huésped**	**súper**	**tórax**

bíceps
tríceps
fórceps

Las palabras graves que terminan en dos consonantes, aunque la segunda sea s, se escriben con tilde.

PALABRAS ESDRÚJULAS

Son aquellas cuya sílaba tónica es la antepenúltima:

esdrújula · vértice · crítico · página
mártires · triángulo · volúmenes · estentóreo

Siempre llevan tilde:

exámenes	análisis	cántaro
aéreo	parálisis	sencillísimo

PALABRAS SOBRESDRÚJULAS

Son aquellas cuya sílaba tónica es anterior a la antepenúltima; en general, son palabras compuestas:

fácilmente · concédaselo · considéreselo

Siempre llevan tilde.

LOS MONOSÍLABOS

Las palabras de una sílaba no llevan tilde:

fue · fui · vio · dio
fe · pie · ti

¡A jugar y ejercitar!

1) Con este cruci-acento-grama podrán comprobar sus conocimientos sobre acentuación. Para completarlo deben usar las palabras que aparecen abajo, ubicarlas siguiendo las referencias y... ¡listo!

Horizontales

1- Palabra aguda de 4 sílabas.
2- Monosílabo.
3- Palabra grave de 2 sílabas terminada en vocal.
4- Palabra esdrújula de 3 sílabas que contiene diptongo.
5- Palabra grave de 3 sílabas terminada en vocal.
6- Palabra aguda de 3 sílabas terminada en vocal.
7- Palabra esdrújula de 3 sílabas (conformación V - CV - CV).
8- Palabra grave terminada en s.

Verticales

1- Palabra aguda de 3 sílabas terminada en consonante (ni n ni s).
2- Palabra aguda de 2 sílabas terminada en n.
3- Palabra aguda de 2 sílabas terminada en s.
4- Palabra grave terminada en consonante (ni n ni s).
5- Palabra aguda de 2 sílabas terminada en consonante (ni n ni s).
6- Monosílabo.
7- Palabra aguda de 2 sílabas terminada en vocal.
8- Palabra esdrújula de 3 sílabas.

crisol - armé - complicará
dilato - demoró- calidad
mármol - ánimo- soles- no
región - Rin - ámbitos
peso - podrás - diálogo

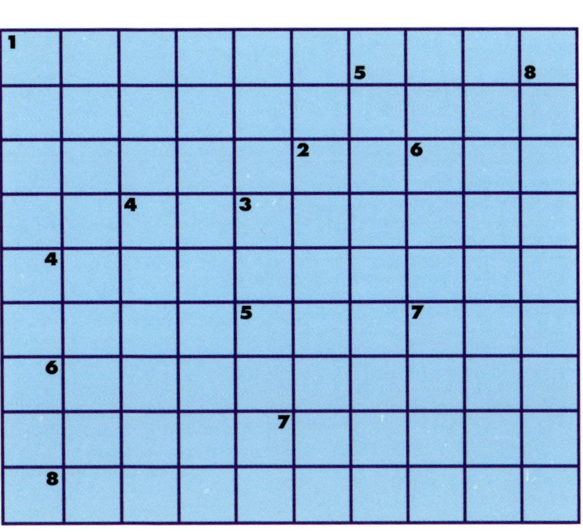

2) ¿Se pueden transformar estas palabras graves en esdrújulas? Claro que sí. Sólo hay que agregarle un sufijo a la raíz y... ¡ya está!

tranquilo **cardumen**

examen **arte** **cárcel**

3) ¿Pueden escribir las palabras que corresponden a estas definiciones? Algunas son agudas, otras graves y otras esdrújulas, pero todas... llevan tilde.

a) Juego que se hace con 28 fichas rectangulares con puntos blancos y negros en cada cara: .... AGUDA

b) Cualquier aparato doméstico eléctrico o electrónico que se utiliza en el hogar: .... ESDRÚJULA

c) Lo que pertenece a todos; frecuente y muy sabido: .... AGUDA

d) Sustancia dulce, cristalina y blanca: .... GRAVE

e) Libro o conjunto de hojas donde se coleccionan estampillas y fotos, entre otras cosas: .... GRAVE

f) Sitio donde llegan y salen aviones: .... ESDRÚJULA

¿Verificamos?

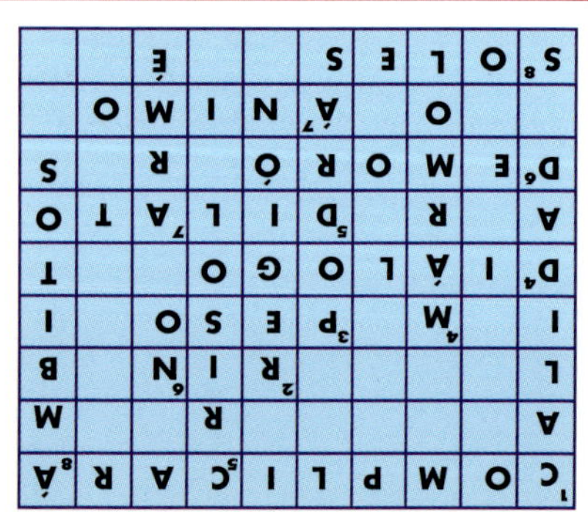

1) Ver gráfico.
2) tranquilísimo, exámenes, cardúmenes, cárceles, artístico.
3) a) dominó; b) electrodoméstico, c) común; d) azúcar; e) álbum; f) aeródromo.

ACENTUACIÓN DE GRUPOS VOCÁLICOS

Como ya sabemos, un diptongo es la unión de una vocal abierta (a - e - o) y una cerrada (i - u) o de dos cerradas:

baile **canción** **viudo**

Como también has visto, un triptongo es la unión de una vocal abierta entre dos cerradas:

licuáis **averigüéis** **cambiáis**

Cuando la vocal cerrada es tónica, no existe diptongo o triptongo. Para indicar esto, se coloca tilde sobre la vocal cerrada:

volveríamos	**vol - ve - rí - a - mos**
reúne	**re - ú - ne**
vahído	**va - hí - do**
reíais	**re - í - ais**
escribiríais	**es - cri - bi - rí - ais**

El diptongo formado por dos vocales cerradas se conserva. La palabra llevará o no tilde de acuerdo con las reglas generales de tildación que ya fueron explicadas:

jesuita **construido** **jesuítico** **benjuí**

Los infinitivos terminados en -oir y -eir llevan tilde:

oír **desoír**
reír **desleír**

No llevan tilde los infinitivos terminados en -uir

atribuir **contribuir**

EL ACENTO DIACRÍTICO

Llamamos así a la **tilde** que se utiliza para **diferenciar funciones** o **significados** de algunas palabras que se escriben igual.

PALABRA	SIGNIFICADO O FUNCIÓN	EJEMPLO
El **Él**	artículo pron. pers. (sust.) 3.ª pers. sing.	**El** gato negro. **Él** es mi amigo.
Tu **Tú**	pron. pos. (adj.) 2.ª pers. sing. pron. pers. (sust.) 2.ª pers. sing.	**Tu** reloj sumergible. **Tú** fuiste a la fiesta.
Te **Té**	pron. pers. (sust.) 2.ª pers. sing. sust. común (infusión y planta)	**Te** envié los libros. Vení a tomar el **té**.
Mas **Más**	conjunción adversativa (= pero) adverbio de cantidad	Debía presentarse, **mas** estuvo ausente. Quiero **más** chocolate.
De **Dé**	preposición verbo dar, subj. pres. 1.ª o 3.ª pers. sing.	Vengo **de** Catamarca. Me pidieron que les **dé** esas informaciones.
Se **Sé** **Sé**	pron. pers. (sust.) 3.ª pers. verbo ser, imperativo, 2.ª pers. sing. verbo saber, 1.ª pers. sing.	Ellos **se** encontraron. **Sé** compasivo con los animales. No **sé** su nombre.
Mi **Mi** **Mí**	sust. común (nota musical) pron. pos. (adj.) 1.ª pers. sing. pron. pers. (sust.) 1.ª sing. (siempre va precedido por preposición)	El **mi** sonó desafinado. **Mi** reloj sumergible. Esa puerta era para **mí** un misterio.
Si **Si** **Sí** **Sí**	sust. común (nota musical) conjunción pron. pers. (sust.) 3.ª pers. (siempre va precedido por preposición) adverbio de afirmación	**Si** es la última nota musical. **Si** me hubieras escuchado, no estarías allí. Lleva sobre **sí** esa responsabilidad. Me dijo: "**Sí**, lo acompañaré".
Aun **Aún**	significa siquiera, hasta o incluso significa todavía	Ni **aun** los más inteligentes supieron la respuesta. **Aún** no terminó sus tareas.

Para recordar

La palabra solo puede ser adjetivo:

Estaba solo.

O adverbio (= solamente):

Solo tres soldados llegaron con vida.

Cuando en la oración estas funciones pueden confundirse, se tilda el adverbio:

Entró < **solo en el dormitorio - sin compañía (adjetivo)**
sólo en el dormitorio - no entró en otra habitación (adverbio)

LAS PALABRAS COMPUESTAS

En las palabras compuestas se conserva sólo la tilde del último elemento pero, si éste es un monosílabo, se siguen las reglas comunes de acentuación:

así	+	**mismo**	→	**asimismo**
pía	+	**madre**	→	**piamadre**
río	+	**platense**	→	**rioplatense**
medio	+	**día**	→	**mediodía**

Si los elementos están separados por guión, cada uno conserva su tildación:

histórico-crítico-literario
teórico-práctico
ítalo-francés
galaico-portugués

¡Cuidado!

vaivén
veintidós
ciempiés
tentempié
dieciséis
veintitrés

Los monosílabos, al entrar en la composición de una palabra, adquieren la tilde que les corresponde de acuerdo con la acentuación de las palabras agudas.

LOS ADVERBIOS TERMINADOS EN -MENTE

Los adverbios terminados en **-mente** conservan la tilde del adjetivo del que derivan:

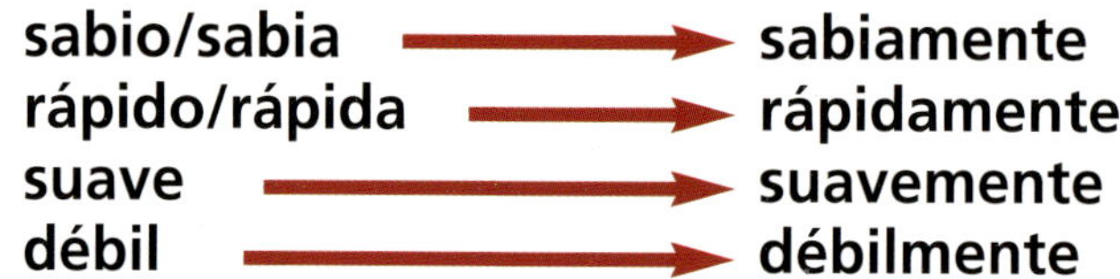

sabio/sabia → sabiamente
rápido/rápida → rápidamente
suave → suavemente
débil → débilmente

LOS PRONOMBRES ENCLÍTICOS

Se llaman enclíticos los pronombres que se ponen detrás del verbo, formando una sola palabra:

apartose (se apartó)
elogiome (me elogió)

Hasta el año 1999, la Real Academia Española establecía que si a un verbo se le agregaban uno o más pronombres enclíticos, si llevaba tilde, la conservaba.

corré + te → corréte
dejá + lo → dejálo

Como esta modificación es relativamente reciente, es probable que encuentres libros con la norma anterior, especialmente de aquellas zonas geográficas en donde se utiliza el voseo.

Actualmente, todos los verbos con pronombres enclíticos se rigen por las normas habituales de acentuación

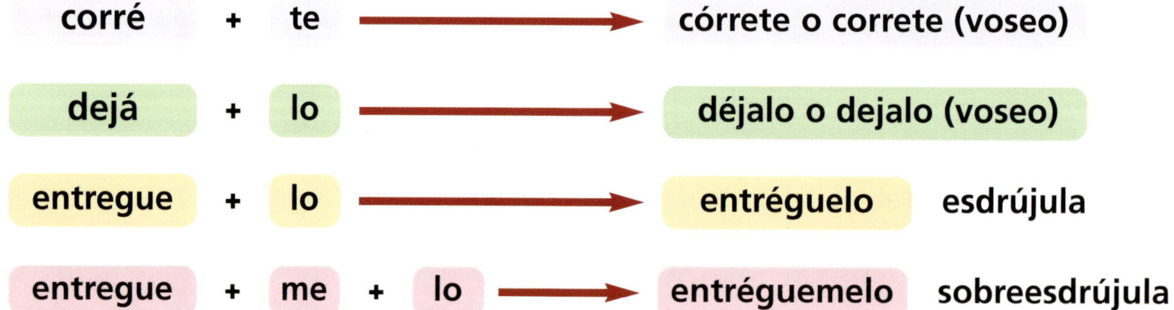

corré + te → córrete o correte (voseo)
dejá + lo → déjalo o dejalo (voseo)
entregue + lo → entréguelo esdrújula
entregue + me + lo → entréguemelo sobreesdrújula

PRONOMBRES INTERROGATIVOS O EXCLAMATIVOS

CÓMO, CUÁL, CUÁLES, CUÁN, CUÁNTO, CUÁNTA, CUÁNTOS, CUÁNTAS, DÓNDE, QUÉ, QUIÉN, QUIÉNES LLEVAN TILDE CUANDO SON PRONOMBRES INTERROGATIVOS O ENFÁTICOS, DIRECTOS O INDIRECTOS.

No creo que fuera así.
(no es interrogativo, por lo tanto, no lleva tilde)

¿Qué vestido trajiste?
Quería saber qué vestido te habías puesto.

Él es quien llamó a la policía.
(no es interrogativo, por lo tanto, no lleva tilde)

No sé quién llamó a la policía.
¿Quién llamó a la policía?

PORQUE, POR QUÉ Y PORQUÉ

—¿Por qué llegaste tarde?
Es interrogativo. **Lleva tilde** y se separa en dos palabras.

—Porque perdí el tren.
Indica causa y se escribe **sin tilde**. Es una sola palabra.

Me dijo el porqué de su tardanza (me dijo el motivo de su tardanza).
Es sustantivo común. Se escribe **con tilde** y en una sola palabra.

LA CONJUNCIÓN O

Lleva tilde cuando va entre cantidades escritas con números y puede confundirse con el cero:

3 ó 4 **tres o cuatro**

LOS PRONOMBRES DEMOSTRATIVOS

Los pronombres demostrativos llevan tilde según la función que cumplen:

¿CUÁLES SON LOS PRONOMBRES DEMOSTRATIVOS?
ESTA, ESTE, ESTAS, ESTOS, AQUEL, AQUELLOS, AQUELLAS, ESE, ESA, ESAS, ESOS.
LOS DEMOSTRATIVOS NEUTROS NO LLEVAN TILDE: ESTO, ESO, AQUELLO.

Los pronombres demostrativos femeninos y masculinos, en singular o en plural, llevan tilde cuando cumplen la función de **sustantivo**. Cuando son **adjetivos** (es decir, acompañan a un sustantivo), no llevan tilde.

Este sitio me agrada.	adjetivo
Éste me agrada.	sustantivo
No quiero acordarme de aquel día.	adjetivo
No quiero acordarme de aquél.	sustantivo
¡Qué ricos que estaban esos bocaditos!	adjetivo
¡Qué ricos que estaban ésos!	sustantivo

¡A jugar y ejercitar!

1) En este diálogo se fugaron las tildes de los pronombres interrogativos, exclamativos y demostrativos. ¿Se animan a colocarlos?

—¿De quien es este perro?
—¿Cual?
—Este que está acá escondido.
—¿Por que me lo pregunta?
—Porque es muy gracioso y si no es de nadie me lo voy a llevar.
—Sí, es mío.
—¿Como se llama?
—Hermes.
—¿De donde lo sacaste?
—Lo encontré cuando era cachorrito y nunca más nos separamos.
No sé quien lo abandonó.
—¡Ay!
—¿Que le pasa, doña? ¿La mordió?

---

2) Escribe oraciones empleando los pronombres que aparecen a continuación, respetando la función indicada.

que: (pronombre interrogativo indirecto) --
(pronombre exclamativo directo) --
(partícula subordinante) --

cual: (pronombre interrogativo directo) --
(partícula subordinante) --

cuando: (pronombre interrogativo indirecto) --
(pronombre relativo) --

como: (pronombre interrogativo indirecto) --
(pronombre relativo) --

adonde: (pronombre interrogativo indirecto) --
(pronombre relativo) --

este: (sustantivo) --
(adjetivo) --

aquellas: (sustantivo) --
(adjetivo) --

3) En la máquina de transformar palabras, entraron palabras de a 2 ó 3 y salieron palabras compuestas. ¿Cuáles son?

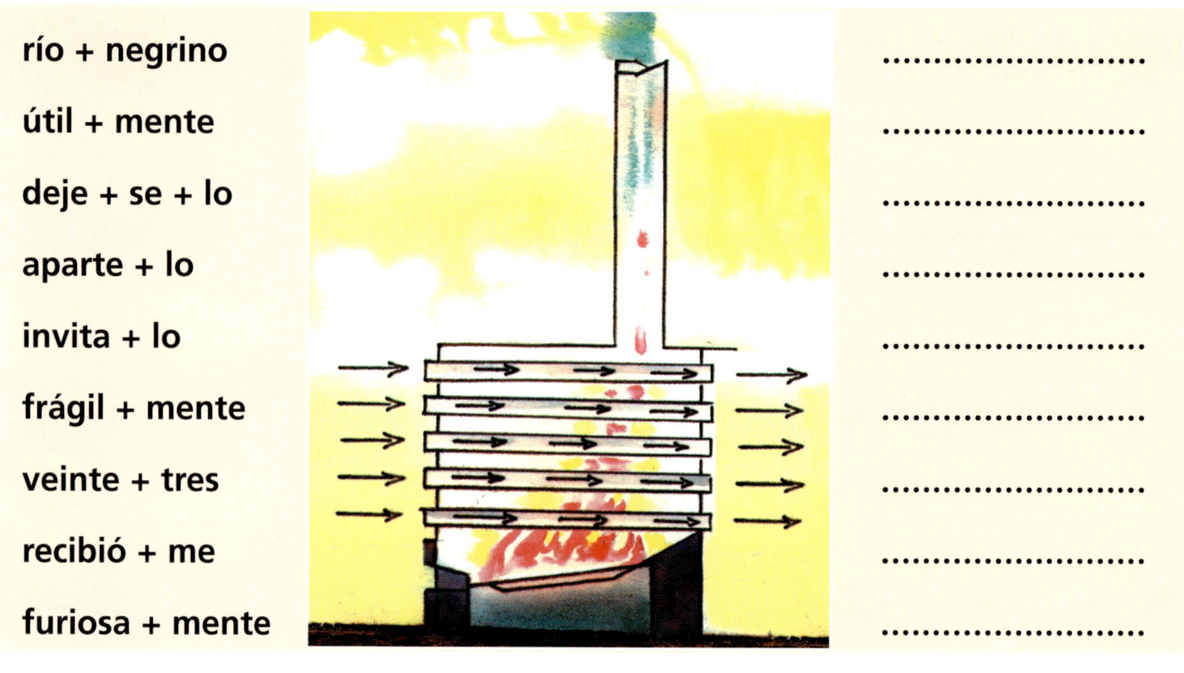

río + negrino ....

útil + mente ....

deje + se + lo ....

aparte + lo ....

invita + lo ....

frágil + mente ....

veinte + tres ....

recibió + me ....

furiosa + mente ....

4) ¿A qué monosílabos hay que agregarles tilde?

Tu llegaste temprano, mas yo me retrasé porque vivo mas lejos.
Cuando el venga, le entregaremos tu regalo.
Si sale todo bien, viajo mañana.
Claro que si.
Volvió en si cuando escuchó en el piano un hermoso si.
No se por qué se fueron tan pronto.
Aun los más torpes pueden realizarlo.
No volvió aun.

5) Vuelve a escribir estas oraciones interrogativas con los encabezamientos siguientes:

Encabezamientos	Oraciones
¿Alguien sabe...	¿Por qué no responde?
Se pregunta...	¿Cuándo va a llegar
Realmente no sabe...	¿Dónde está ahora?
	¿Hacia dónde se dirige tanta gente?
	¿Cómo pasó?
	¿Quién se quejó tanto?

6) En el texto que encontrarás a continuación, se han extraviado las tildes. ¿Te animas a colocarlas?:

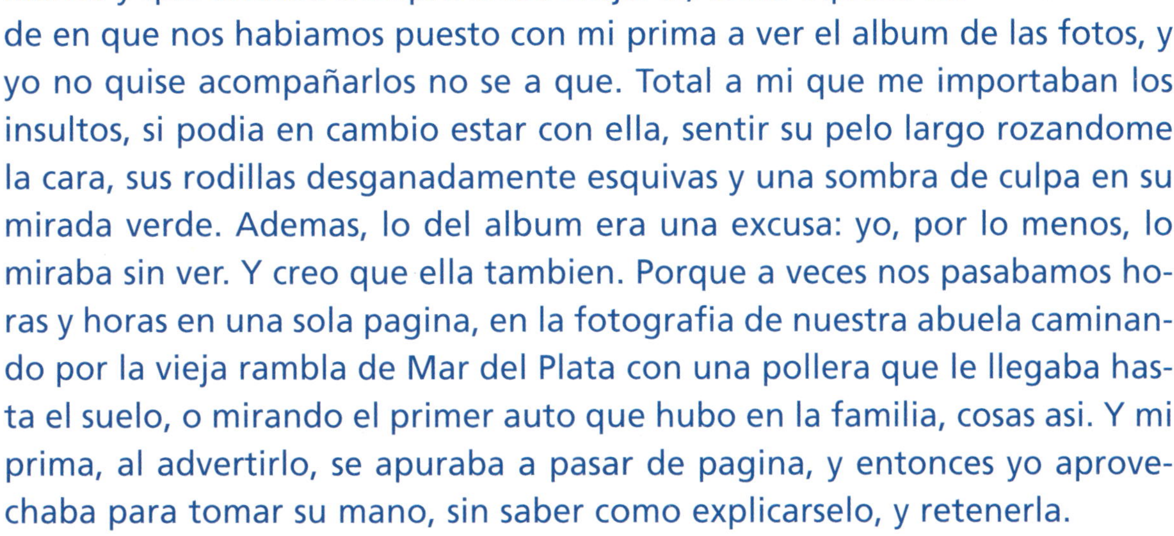

Asi que yo, despues de aquello, me abri definitivamente de los chicos, pese a todo. Aunque ellos me decian que yo era un marica y que andaba siempre entre mujeres, como aquella tarde en que nos habiamos puesto con mi prima a ver el album de las fotos, y yo no quise acompañarlos no se a que. Total a mi que me importaban los insultos, si podia en cambio estar con ella, sentir su pelo largo rozandome la cara, sus rodillas desganadamente esquivas y una sombra de culpa en su mirada verde. Ademas, lo del album era una excusa: yo, por lo menos, lo miraba sin ver. Y creo que ella tambien. Porque a veces nos pasabamos horas y horas en una sola pagina, en la fotografia de nuestra abuela caminando por la vieja rambla de Mar del Plata con una pollera que le llegaba hasta el suelo, o mirando el primer auto que hubo en la familia, cosas asi. Y mi prima, al advertirlo, se apuraba a pasar de pagina, y entonces yo aprovechaba para tomar su mano, sin saber como explicarselo, y retenerla.

1) ¿De quién...? - ¿Cuál? - Este que está... - ¿Por qué...? - ¿Cómo se...? - ¿De dónde... -No sé quién lo... - ¿Qué le...?

3) rionegrino, útilmente, déjeselo, apártelo, invítalo, frágilmente, veintitrés, recibiome, furiosamente.

4) Tú llegaste temprano, mas yo me retrasé porque vivo más lejos. Cuando él venga, le entregaremos tu regalo. Si sale todo bien, viajo mañana. Claro que sí. Volvió en sí cuando escuchó en el piano un hermoso si. No sé por qué se fueron tan pronto. Aun los más torpes pueden realizarlo. No volvió aún.

5) Ejemplos: ¿Alguien sabe por qué no responde? Se pregunta cuándo va a llegar. Realmente no sabe dónde está ahora. Se pregunta hacia dónde se dirige tanta gente. ¿Alguien sabe cómo pasó? Se pregunta quién se quejó tanto.

6) Así que yo, después de aquello, me abrí definitivamente de los chicos, pese a todo. Aunque ellos me decían que yo era un marica y que andaba siempre entre mujeres, como aquella tarde en que nos habíamos puesto con mi prima a ver el álbum de las fotos, y yo no quise acompañarlos no sé a qué. Total a mí qué me importaban los insultos, si podía en cambio estar con ella, sentir su pelo largo rozándome la cara, sus rodillas desganadamente esquivas y una sombra de culpa en su mirada verde. Además, lo del álbum era una excusa: yo, por lo menos, lo miraba sin ver. Y creo que ella también. Porque a veces nos pasábamos horas y horas en una sola página, en la fotografía de nuestra abuela caminando por la vieja rambla de Mar del Plata con una pollera que le llegaba hasta el suelo, o mirando el primer auto que hubo en la familia, cosas así. Y mi prima, al advertirlo, se apuraba a pasar de página, y entonces yo aprovechaba para tomar su mano, sin saber como explicárselo, y retenerla.

Es hora de un repaso

¿Se animan a unir cada palabra con su clasificación, de acuerdo con las reglas de acentuación aprendidas?

césped
síntoma
perfil
cartero
cuídensela
revés
bahía
Raúl
audaz
hipócrita
volumen
gótico
guión
cuenca
continuidad
léemelo

- **aguda con acento prosódico**
- **aguda con acento ortográfico**
- **grave con acento prosódico**
- **grave con acento ortográfico**
- **esdrújula**
- **sobresdrújula**

¿Verificamos?

césped: grave con acento ortográfico - síntoma: esdrújula - perfil: aguda con acento prosódico - cartero: grave con acento prosódico - cuídensela: sobresdrújula - revés: aguda con acento ortográfico - bahía; grave con acento ortográfico - Raúl: aguda con acento ortográfico - audaz: aguda con acento prosódico - hipócrita: esdrújula - volumen: grave con acento prosódico - gótico: esdrújula - guión: aguda con acento ortográfico - cuenca: grave con acento prosódico - continuidad: aguda con acento prosódico - léemelo: sobresdrújula.

USO DE LA B

B

SE ESCRIBE B

1) Después de **m**:

tambor **ambiente** **tumba** **umbelífera** **lumbago**

Si a una palabra que empieza con b se le agrega un prefijo terminado en n, ésta se transforma en **m**.

imbatible **imborrable**

2) En la terminación **-bilidad** de los sustantivos abstractos correspondientes a adjetivos terminados en **-ble**:

contable → **contabilidad**
afable → **afabilidad**

civilidad - movilidad

Estos sustantivos y sus compuestos (incivilidad, inmovilidad) derivan de los adjetivos civil y móvil; por lo tanto, se escriben con v.

3) En las terminaciones del pretérito imperfecto del indicativo de los verbos de la primera conjugación y del verbo **ir**:

enredaba **cantabas** **íbamos**
soñabais **condecorábamos** **iban**

4) Antes de **l** y de **r**, con las que forma grupo consonántico:

embravecido **breviario** **brigadier** **bromear** **brusquedad**
ablandar **oblea** **blindar** **bloqueo** **blusa**

5) En los verbos que terminan en **-bir, -buir**:

recibir **contribuir**
percibir **atribuir**
transcribir **retribuir**

EXCEPCIONES: hervir - servir - vivir y sus compuestos (convivir, sobrevivir).

6) En la terminación **-bundo**, **-bunda** de algunos adjetivos:

errabundo **meditabundo** **sitibundo** **vagabundo**

7) En las sílabas iniciales **bu-**, **bur-**, **bus-**:

bululú **bucear**
burdo **burlar**
buscar **busto**

vuelta — empieza con vuel-
vulgo — empieza con vul-
vuelo — empieza con vue-

por lo tanto
se escriben con v

8) Se escribe b en las palabras que empiezan con **bi**, **bis** o **biz** cuando se trata de prefijos que significan dos, doble.

bicéfalo **bisabuelo** **bizcocho**
bilingüe **bisnieto** **bizcochuelo**

9) En el grupo inicial **bibli** (libro):

biblia **bíblico** **bibliófilo** **biblioteca** **bibliorato**

10) En los prefijos **ab-**, **abs-**, **ob-**, **obs-** y **sub**:

absurdo **obvio** **subterráneo**
abstenerse **obstinado** **subtropical**

11) En los derivados y compuestos de la palabras **boca**, **bien** y **sílaba**:

bienestar **bocado** **monosílabo**
parabienes **desbocado** **bisílaba**
benefactor **bucal** **endecasílabo**
bonachón **boquiabierto** **octosílabo**

12) En los verbos **caber**, **deber**, **haber y sorber**.
(En todas las inflexiones que llevan el sonido b.)

cabíais **debemos** **hubo** **sorberán**
cabrán **debas** **habría** **sorberíais**

13) Después de la sílabas **cu-**, **ta-** y **tur-**:

cubano **tabulación** **turbado**

14) Al final de palabra:

club **baobab** **Job**

¡A jugar y ejercitar!

1) Las palabras **bufanda**, **burbuja** y **busto** responden a una regla que ya vimos. ¿Pueden escribir cuál es y dar 3 ejemplos más de ella?

2) Sólo para atentos. Con estas sílabas se pueden formar verbos en los que la sílaba final del infinitivo responde a una regla estudiada. ¿Cuáles son esos verbos? ¿Pueden dar otros ejemplos? (La sílaba final no está.)

es **pro** **cri** **con** **dis** **tri** **hi** **ce** **des**

3) En estas oraciones, a algunas palabras se les escaparon sílabas. ¿Se animan a completarlas?

a) **¡Odio este remedio! No puedo tragar estas ta__tas tan grandes.**

b) **La __sa movía suavemente las hojas de los árboles.**

c) **El __mido del toro hizo volar a las aves.**

d) **Para este juego so__ gente.**

e) **Ayer co__mos el sueldo.**

f) **¿Te parece que estos zapatos son dura__?**

g) **Para llegar al enchufe, necesitamos un ca__ más largo.**

h) **El ta__ de madera me pegó en la frente.**

i) **Están por descu__ una nueva vacuna.**

4) En la sopa de letras hay 7 palabras, escritas de izquierda a derecha, de arriba a abajo, en diagonal y al revés. Pista: todas tienen algo en común. ¿Qué es y por qué? Pero hay algo más. Completen con ellas el breve relato disparatado que está abajo.

j	h	i	a	d	e	l	y	n	n	a
o	l	s	u	b	s	i	d	i	o	t
r	a	e	o	y	s	o	a	b	e	g
a	b	s	t	u	v	o	s	n	z	u
l	j	u	u	i	q	o	l	o	u	a
x	o	i	e	r	l	u	t	u	n	g
i	a	r	l	e	w	z	u	a	t	t
s	u	b	t	e	r	r	a	n	e	o
i	q	o	b	s	t	i	n	a	d	o
f	o	b	s	e	r	v	a	r	s	s

Lucas recibió un .... para hacer un trabajo de investigación. En .... perdió tiempo. Como era muy ...., se dedicó a.................. a los fatigados pasajeros del .... e inestable .... y se .... de dedicarse a otros asuntos.

5) ¿Te animas a transformar estas palabras en sustantivos terminados en -dad?

permeable ....

rentable ....

sensible ....

flexible ....

hábil ....

6) Facilísimo cruci-verbo-grama para resolver. Todos los verbos están en pretérito imperfecto del indicativo:

1- podar, 1.ª persona del singular.
2- ir, 1.ª persona del singular.
3- rodar, 1.ª persona del singular.
4- forzar, 1.ª persona del singular.
5- andar, 1.ª persona del singular.

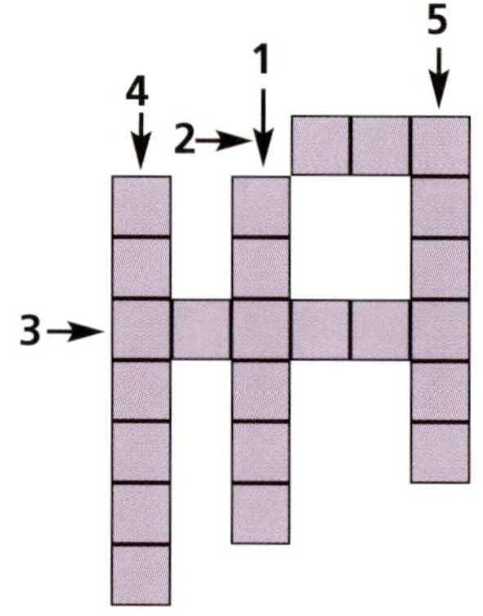

1) Bufanda, burbuja, busto. Regla: Llevan b las palabras que comienzan con bu-, bur- y bus-. Ejemplos: bursátil, buñuelo, búsqueda.
2) Prohibir, concebir, distribuir, escribir, describir.
3) a) tabletas, b) brisa, c) bramido, d) sobra, e) cobramos, f) durables, g) cable, h) tablón, i) descubrir.
4) Así quedó el relato con las palabras de la sopa de letras: Lucas recibió un subsidio para hacer un trabajo de investigación. En absoluto perdió tiempo. Como era muy obstinado, se dedicó a observar a los fatigados pasajeros del obsoleto e inestable subterráneo y se abstuvo de dedicarse a otros asuntos.
5) Permeabilidad, rentabilidad, sensibilidad, flexibilidad, habilidad.
6) 1, podaba; 2, iba; 3, rodaba; 4, forzaba; 5, andaba.

Reforzamos nuestra ortografía

En esta lista hay palabras que se escriben con **b** pero no están comprendidas en las reglas estudiadas. ¿Se animan a memorizarlas y luego pedirle a alguien que se las dicte? ¡Buena suerte y ningún error!

batalla - banquete - barrer - abarcar - saber - aprobar - abundante - labor - rubio - sílaba - libertad - abierto - beber - rebelde - silbar - barba - prueba - barrio - balcón - boletín - soberano - gobierno - balsa - bandera - bandeja - barco - besar - biombo - abeja - botella - boleta - abertura - abatir - absorber - aburrir - habitar - abusar - borrón - bostezar - bonete - boceto - cobertura - dibujar - fabuloso - nube - pabellón - raba.

Uso de la V

SE ESCRIBE V

1) En las sílabas que siguen a la inicial **ad**:

adversidad **adverbio** **advertir**

2) En la sílaba que sigue a otra terminada en **n** o **b**:

subvención
obvio
inventar
envenenar

3) En el prefijo **vice**:

vicerrector
vicepresidente
vicecónsul
vicedirector

4) En los adjetivos terminados en **-ava, -avo, -eva, -eve, -evo, -iva, -ivo**:

octava
breve
suave
longevo
bravo
afectiva
nueva
abusivo

EXCEPCIONES: árabe y los compuestos del sustantivo sílaba.

5) Después de la sílaba **cla**:

clavo
clavel
clavícula
clavelina
clavicordio
clavar

6) Después del grupo **equi**:

equivocado **equivalente** **inequívoco**

7) Después del grupo **ol**:

olvidar **insolvente**
envolver **polvareda**

8) Después de las sílabas **lla, lle, llo, llu**:

llave **llovizna**
lleven **lluvia**

9) En todas las palabras de la familia de **vivo**:

vivencia **vivisección**
vivíparo **vivienda**

10) En las terminaciones **-viro, -vira, -ívoro, -ívora**:

triunviro **herbívoro**
vira **frugívora**

EXCEPCIONES: víbora.

11) En el pretérito perfecto simple del modo indicativo, y en el pretérito imperfecto y el futuro imperfecto del modo subjuntivo de los verbos **andar, estar** y **tener**:

anduve	**anduviera**	**anduviese**	**anduviere**
estuve	**estuviera**	**estuviese**	**estuviere**
tuve	**tuviera**	**tuviese**	**tuviere**

12) En el presente del indicativo y del subjuntivo, y en el imperativo del verbo **ir**:

voy	**vaya**	**ve tú**
vas	**vayas**	
va	**vaya**	
vamos	**vayamos**	
vais	**vayáis**	
van	**vayan**	

¡A jugar y ejercitar!

1) En estos dos dibujos con personas y animales, faltan algunas letras en los globitos. ¿Pueden escribirlas? Indiquen a qué regla estudiada corresponden esas palabras y escriban la familia de palabras de cada una.

2) De acuerdo con lo que dice cada oración, completen los cuadritos con la palabra que falta. Luego, teniendo en cuenta los números, ubiquen cada letra en los cuadritos inferiores para armar la frase... ¡que es importante recordar!

Una persona que expresa sus ideas desapasionadamente es...	1	2	3	4	5	6	7	8		
Una persona que hace cosas nuevas y diferentes es...	9	10	11	12	13	14	15	16		
Un alimento que nutre es...	17	18	19	20	21	22	23	24	25	
El que pasa mucho tiempo imaginando es...	26	27	28	29	30	31	32	33	34	35	36
El que se deja llevar por sus impulsos es...	37	38	39	40	41	42	43	44	45	
Una persona despreciativa es...	46	47	48	49	50	51	52	53	54	55

41 1 42   8 46 3 4 5 6 7 25 42   13 11 10 27 14 17 12 46 25 42

11 17 - 23 24 25 , - 53 54 55   42 47   50 48 51 20 21 2 50 31

9 45 17   54 .

3) Aquí hay un listado de formas correctas e incorrectas. Algunas letras tienen números que debes trasladar a los casilleros que figuran al pie. Si las pones bien, leerás un refrán japonés. ¡Atención! Sólo son válidas las letras de las formas correctas.

I	N	E	Q	U	Í	V	O	C	O	S
		1	8					3		16

I	N	E	Q	U	Í	B	O	C	O	S
		5		32				18		27

M	A	S	I	B	O
			21		13

M	A	S	I	V	O
28	5				7

E	N	V	I	A	R
10	27				14

E	N	B	I	A	R
7	24			25	28

C	L	A	V	Í	C	U	L	A	S
	4					9	33		11

C	L	A	B	Í	C	U	L	A	S
				15		1			36

I	N	O	L	B	I	D	A	B	L	E
	3				29	8				35

I	N	O	L	V	I	D	A	B	L	E
									2	21

V	I	B	I	F	I	C	A	N	T	E
				24			37			17

V	I	V	I	F	I	C	A	N	T	E
6										19

O	B	V	I	O
	13			12

O	B	I	O
	6		

V	I	V	A	R	A	C	H	O
	23		17					37

B	I	V	A	R	A	C	H	O
16		33					30	

D	E	S	C	L	A	B	A	R
				20				4

D	E	S	C	L	A	V	A	R
	15		22	18				20

E	Q	U	I	V	O	C	A	B	A
25		26	32					24	29

E	Q	U	I	B	O	C	A	B	A
				14	26				

S	U	B	E	R	T	I	R
	11		9				31

S	U	B	V	E	R	T	I	R
						31		30

L	L	U	V	I	A
34					35

L	L	U	B	I	A
		23	3		10

C	L	A	V	A	Z	Ó	N
					36		

C	L	A	B	A	Z	Ó	N
	11			19			22

1	2

3	4	5	6	7

8	9	10

11	12	13	14	15	16	17	18	19

20	21	22	23	24	25

26	27

28	29	30	31	32	33	34	35	36	37

¿Verificamos?

1) Equivocaste, olvidé.
2) Las palabras son: objetiva, creativa, nutritivo, imaginativo, impulsivo, despectiva. La frase es: Los adjetivos terminados en -ivo, -iva se escriben con v.
3) Sólo las correctas. El clavo que sobresale recibe un martillazo.

Es hora de un repaso

1) Formando palabras

Con las letras de cada esquema se pueden formar palabras. El número del medio indica las veces que se repite la que está en el círculo. *Una ayudita*: cada palabra se relaciona con alguna de las reglas enunciadas abajo. Una de las palabras contiene dos reglas. Pero... atención, éstas no siguen el orden de las palabras.

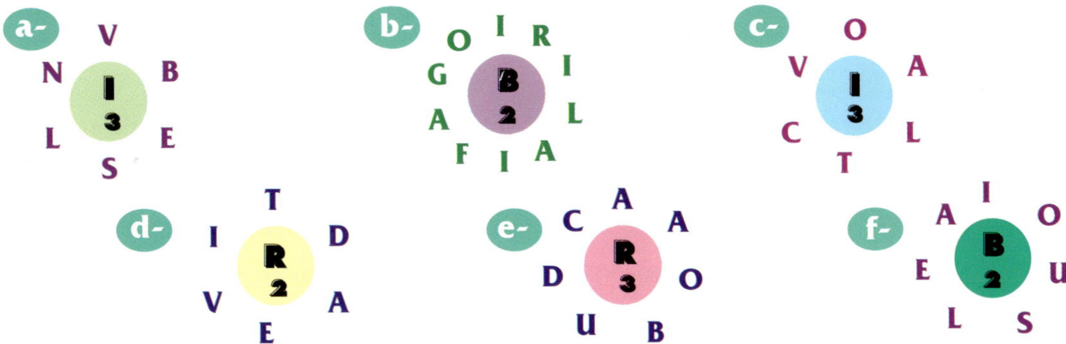

Se escribe con **b** la sílaba **bu**.
Se escribe con **b** el prefijo **bi** que significa dos.
Se escribe con **v** después de **n**. Se escribe con **b** el grupo ortográfico **bl**.
Se escribe con **b** el grupo **bibli**.
Se escriben con **v** las palabras derivadas de **vivo** y **vida**.
Se escribe con **v** después de **ad**.

2) Palabras y reglas

A las palabras siguientes se les cayeron las letras b y v. ¿Pueden agregarlas? Expliquen qué regla aplicaron en cada caso (¡Ojo!, también hay excepciones...)

Palabras	Reglas y excepciones a las regla
ob__ia	....
revol__ían	....
__isectriz	....
ví__ora	....
ser__ían	....
ca__ían	....
inmo__ilidad	....
en__ejecimiento	....
con__erti__ilidad	....
verte__rado	....
estu__ieran	....
está__amos	....
re__landecimiento	....
devol__er	....

3) Cada palabra de los recuadros responde a una regla aprendida. Hay un lugarcito para escribir 3 ejemplos más de las mismas. Sólo es cuestión de pensar un poco...

rombo	amabilidad	vayamos	equívoco
....	....	....	....
....	....	....	....
....	....	....	....

octavo	herbívoro	boquete	habían
....	....	....	....
....	....	....	....
....	....	....	....

inscribir	absurdo	beneficio	desclave
....	....	....	....
....	....	....	....
....	....	....	....

4) Y ahora... ¡la prueba final para medir tu ortografía! Un texto de un gran autor latinoamericano en el que faltan la **v** y la **b**, y que, por supuesto, te invitamos a completar.

La casa era un antiguo depósito de dos pisos, con paredes de ta_lones _astos y un techo de cinc de dos aguas, so_re el cual _ola_an los gallináceos por los desperdicios del puerto. Ha_ía sido construido en los tiempos en que el río era tan ser_icial que muchas _arcazas, e inclusi_e algunos _arcos de altura, se a_entura_an hasta aquí a tra_és de las ciénagas del estuario. Cuando _ino Ibrahim Nasar con los últimos ára_es, al término de las guerras ci_iles, ya no llega_an los _arcos de mar de_ido a las mudanzas del río y el depósito esta_a en desuso. Ibrahim Nasar lo compró a cualquier precio para poner una tienda de importación que nunca puso, y solo cuando se i_a a casar lo con_irtió en una casa para _i_ir. En la planta _aja a_rió un salón que ser_ía para todo...

(Gabriel García Márquez, *Crónica de una muerte anunciada*.)

1) a, invisible; b, bibliografía; c, vitalicio; d, advertir; e, carburador; f, bisabuelo.
2) obvia (se escribe v después de b), revolvían (v después del grupo ol), bisectriz (b en el prefijo bi), víbora (excepción a "se escriben con v las terminaciones vora, voro"), servían (excepción a "se escribe con b las terminaciones bir de los infinitivos"), cabían (con b el verbo caber), inmovilidad (excepción a "se escribe con b las terminaciones -bilidad"), envejecimiento (v después de n), convertibilidad (v después de n, y b en la terminación bilidad), vertebrado (b en el grupo br), estuvieran (con v el pretérito imperfecto del subjuntivo del verbo estar), estábamos (con b las desinencias del pretérito imperfecto de los verbos de 1.ª conjugación), reblandecimiento (con b el grupo bl), devolver (con v después de ol).
3) Ejemplos: zamba, malambo, rumbo; confiabilidad, respetabilidad, durabilidad; vamos, vayáis, van; equivalente, equivaler, equivocación; leve, asociativa, indicativo; omnívoro, carnívoro, insectívoro; bucal, bocanada, boquiabierto; habré, habían, hubo; percibir, recibir, concebir; absoluto, absuelto, absorbente; bendecir, bienintencionado, bienestar; enclave, clavija, clavicordio.
4) Las palabras del texto de García Márquez son: tablones, vastos, sobre, volaban, había, servicial, barcazas, inclusive, barcos, aventuraban, través, vino, árabes, civiles, llegaban, barcos, debido, estaba, iba, convirtió, vivir, baja, abrió, servía.

Las que suenan igual... pero SE ESCRIBEN DIFERENTE

Los **homófonos** son vocablos que se pronuncian del mismo modo, pero se escriben de diferente manera y tienen distintos significados. Veamos algunos de los ejemplos con v y b:

vale (del verbo *valer*)
bale (del verbo *balar*)

vaya (del verbo *ir*)
baya (fruto)

cavo (del verbo *cavar*)
cabo (extremo)

tuvo (del verbo *tener*)
tubo (caño)

varón (hombre)
barón (título de nobleza)

vaso (recipiente)
bazo (órgano del cuerpo humano)

Listado de homófonos para practicar

Para que no cometas errores con los homófonos, puedes practicar con un amigo. Lean atentamente los listados siguientes fijándose especialmente en las letras destacadas en los vocablos y en sus significados. Luego uno le pide al otro que escriba dos oraciones empleando, por turno, los homófonos de las listas. Anotan cada error, no sólo para tener una prenda sino... para seguir practicando con esa palabra.

baca (portaequipajes de un vehículo)
vaca (hembra del toro)

bacante (sacedotisa de Baco)
vacante (libre, sin ocupar)

bacía (antigua vasija de barberos)
vacía (sin contenido)

bah (expresión de duda o desdén)
va (del verbo *ir*)

bacilo (microorganismo)
vacilo (del verbo *vacilar*)

bario (metal blanco)
vario (variado)

basta (tosca; del verbo *bastar*)
vasta (amplia)

bello (hermoso)
vello (pelo delgado)

bidente (de dos dientes)
vidente (que vaticina el futuro)

bienes (riquezas)
vienes (del verbo *venir*)

binario (compuesto de dos elementos)
vinario (relativo al vino)

bisar (repetir dos veces)
visar (poner el visto bueno, dar la visa)

botar (arrojar, repicar la pelota)
votar (emitir el voto)

cabe (del verbo *caber*)
cave (del verbo *cavar*)

combino (del verbo *combinar*)
convino (del verbo *convenir*)

grabar (esculpir, registrar sonidos o imágenes)
gravar (imponer gravámenes)

rebelarse (alzarse contra la autoridad)
revelarse (descubrirse algo)

ribera (márgenes de río o mar)
rivera (arroyo, río pequeño)

sabia (persona que tiene sabiduría)
savia (jugo que nutre las plantas)

USO DE LA C

LA C

Esta consonante tiene un sonido fuerte cuando está:

- delante de las vocales a, o, u.

casa **corajudo** **curandero**

- delante de consonantes.

actuar **clasificar** **croata**

- al final de una palabra.

frac **cuac** **crac**

Y un sonido débil cuando está:

- delante de e o de i.

cebolla **cinematografía**

SE ESCRIBEN CON C

1) Las terminaciones **-acio, -acia**:

batracio **falacia**
topacio **democracia**

EXCEPCIONES: antonomasia - gimnasia - gimnasio idiosincrasia - potasio.

2) Los plurales de los sustantivos y adjetivos cuyo singular termina en **z**:

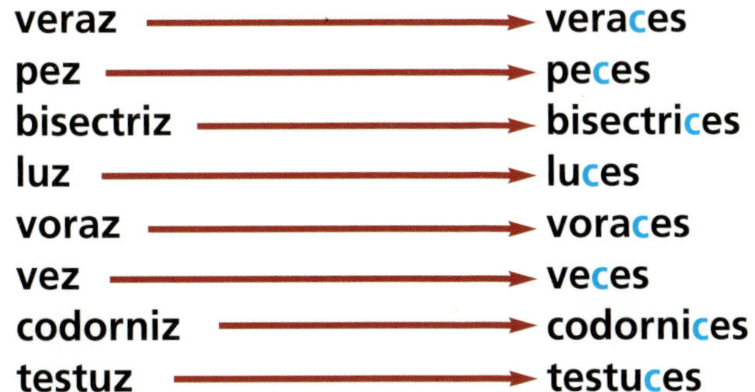

veraz → **veraces**
pez → **peces**
bisectriz → **bisectrices**
luz → **luces**
voraz → **voraces**
vez → **veces**
codorniz → **codornices**
testuz → **testuces**

Y sus derivados y compuestos: voracidad, relucir, etc.

C

3) Las terminaciones **-cito, -cita, -cico, -cica, -cillo, -cilla**:

cancioncilla **pobrecillo** **avecica** **cabecita** **llavecita**

Si el sustantivo o adjetivo tiene s en la última sílaba, el diminutivo también se escribe con **s**:

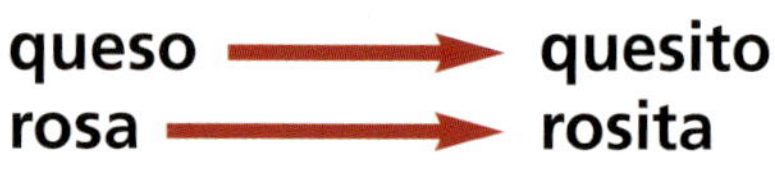

queso → **quesito**
rosa → **rosita**
princesa → **princesita**
peso → **pesito**

4) Las desinencias que empiezan con e o con i, en los verbos terminados en **-cer, -cir**:

EXCEPCIONES:
asir - coser - ser - toser.

luce
convencen
vencen
vencíamos
producirías
conducen

5) Los verbos terminados en **-ciar**:

pronunciar
anunciar
acuciar

EXCEPCIONES: anestesiar - ansiar - extasiar - lisiar.

6) La terminación **-ción** de algunos sustantivos abstractos, en cuya familia de palabras aparece alguna terminada en -dor o -tor:

cantor → **canción**
aplicador → **aplicación**
conspirador → **conspiración**
inventor → **invención**

7) La terminación **-unción**:

asunción **conjunción** **función** **presunción** **punción**

8) La terminación **-cción**:

acción	**coacción**	**reacción**
fracción	**tracción**	**infracción**

9) La terminación **-ice** de algunas palabras esdrújulas:

pontífice	**ápice**	**artífice**

10) Las terminaciones **-ícito**, **-ícita** de algunos adjetivos:

lícito	**solícita**	**implícito**

11) Las terminaciones **-icia**, **-icie**, **-icio**:

malicia	**planicie**	**beneficio**
justicia	**superficie**	**frontispicio**

12) Las terminaciones **-ancia**, **-encia**, **-incia**, **-encio**, **-uncio**:

fragancia	**solvencia**
prestancia	**valencia**
nuncio	**provincia**
pronuncio	**renuncio**

EXCEPCIONES:
ansia - hortensia.

13) Las desinencias que empiezan con **e** de los verbos cuyo infinitivo termina en **-zar**:

analizar →	**analicé**	**analicemos**
realizar →	**realicé**	**realicemos**
comenzar →	**comencé**	**comencemos**
empezar →	**empecé**	**empecemos**

14) Los sufijos **-cida** y **-cidio**:

regicida	**suicidio**
matricida	**parricidio**
herbicida	**homicidio**
insecticida	**genocidio**

15) Las terminaciones **-áceo, ácea** de ciertas palabras esdrújulas:

crustáceo **farinácea** **rosácea**

16) La terminación **-cimiento** de sustantivos, generalmente abstractos, derivados de verbos terminados en **-cer** o **-cir**:

resarcir → **resarcimiento**
convencer → **convencimiento**
nacer → **nacimiento**
agradecer → **agradecimiento**
recrudecer → **recrudecimiento**

17) Los verbos terminados en **-ceder, -cender, -cibir, -cidir**:

preceder	**percibir**
encender	**decidir**
retroceder	**recibir**
ascender	**incidir**

EXCEPCIONES:
residir - presidir.

18) Los sustantivos abstractos terminados en **-cencia, -ciencia,** y los adjetivos afines terminador en **-cente** y **-ciente**:

EXCEPCIONES: ausencia - presencia esencia - ausente - presente.

decencia	**decente**
paciencia	**paciente**
adolescencia	**adolescente**
inconciencia	**inconciente**

C

¡A jugar y ejercitar!

1) En la máquina de transformar palabras, entraron algunas terminadas es z. A las palabras derivadas que salieron les faltan sílabas. ¿Podrían completarlas?

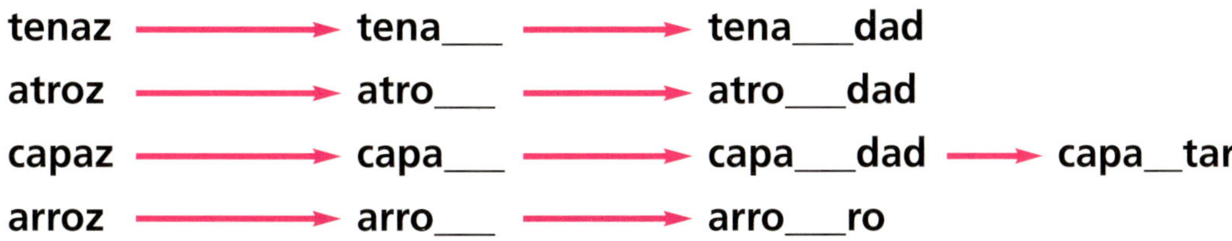

tenaz → **tena___** → **tena___dad**

atroz → **atro___** → **atro___dad**

capaz → **capa___** → **capa___dad** → **capa__tar**

arroz → **arro___** → **arro___ro**

2) En España y en los países de América latina, se utilizan diversas terminaciones para los diminutivos. Les damos una lista de palabras para que escriban todos los diminutivos posibles de cada una.

luz	**bar**	**ave**
pan	**sol**	**flor**
cruz	**mujer**	**suave**

3) Uniendo las letras de arriba con las de abajo, podrán formar 3 palabras que siguen una de las reglas estudiadas. (Ayuda: es posible utilizar algunas letras más de una vez. Por ejemplo, la i y la l se repiten 3 veces; la p, 2 veces, etc.)

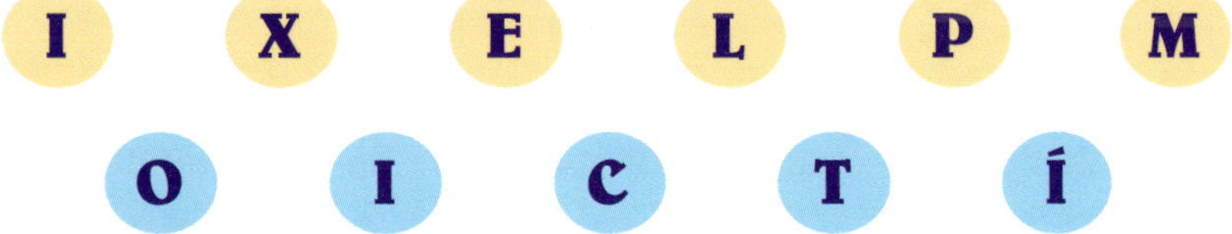

4) Aparentemente, en estas expresiones se utilizaron verbos extraños. Pero, si buscan los infinitivos de las formas verbales destacadas, podrán ver que no es así. Además, todos siguen una regla. ¿Podrán enunciarla?

—Por su mirada deduzco que no le gusta su nuevo hogar.

—Me sedujiste con la mirada.

—El paquete está deshecho.

—Agradezco muchísimo que me hayan nombrado presidente de esta institución.

—¡Que renazca la alegría!

—No hay nada que me complazca más que estar tranquila.

5) Mirando atentamente, podrán encontrar 10 palabras que siguen una de las reglas estudiadas. ¿Cuál es esta regla? Con ellas, además, se puede completar el relato que sigue a la sopa.

j	f	c	a	l	v	i	c	i	e	x	y
t	n	o	u	u	s	p	e	g	z	o	i
p	c	m	l	c	a	r	i	c	i	a	c
p	n	i	u	v	s	e	w	o	o	d	i
a	h	c	b	n	k	j	c	i	y	g	o
t	l	i	s	t	d	u	c	u	u	h	i
r	w	o	c	l	o	i	c	t	m	o	n
i	j	j	i	i	l	c	c	t	v	u	i
c	e	f	m	p	t	i	ñ	i	t	u	c
i	v	v	u	y	e	o	h	k	a	b	i
o	n	s	u	p	e	r	f	i	c	i	e

________ fue elegido como candidato para el siguiente ____________. Pero tenía un problema o, más que un problema, un ________: su _______. Lo obsesionaba la idea de aparecer en la televisión o en los afiches de gran ________ y que la gente lo llamara "el pelado". Se dijo: "Es mejor que _________ un tratamiento." Fue a ver un curandero que le recomendó un amigo. Tuvo que esperar cuatro horas hasta que lo atendiera. Finalmente, cuando pasó, sólo le preguntó si tenía algún __________, le hizo una leve ________ en la cabeza y le recetó un ungüento verde y pegajoso que era una verdadera _________.
Al cabo de tres meses, como no le crecía ningún mísero pelo, abandonó el tratamiento y decidió consultar a un médico. El Dr. Rullo lo escuchó pacientemente y luego se tomó su tiempo para convencerlo de que no había tratamiento posible, que debía superar ese __________ y aceptarse como era. La entrevista fue un éxito y Patricio fue elegido presidente.

6) En estas oraciones se escaparon sílabas de algunas palabras (verbos, para ser más exactos) que siguen una de las reglas estudiadas. ¿Podrían completarlas?

a) ¡No quiero que ca____ más insectos!
b) Utili____mos nuestra imaginación.
c) Espero que este líquido suavi____ la ropa.
d) No creo que ellos utili____ esos argumentos.
e) ¿Quién no desea que sus sueños se materiali____?

7) Palabras en clave. En estas palabras cruzadas, sólo está escrita la vertical y algunas letras sueltas. Como podrán ver, cada casillero tiene un ícono: cada uno representa una letra. Utilizando su ingenio, podrán descubrir las palabras que faltan. Atención: una letra que se repite en todas no está marcada pero, si estudiaron las reglas, les será muy sencillo saber cuál es.

8) Cada una de las palabras responde a una regla estudiada. ¿Podrían completar los diagramas con otros ejemplos?

violencia ....

reacción ....

democracia ....

vagancia ....

9) Este cuadro te ayudará a fijar una de las reglas. Para ello, deberás completarlo con palabras derivadas.

ilustrador	**indicador** ....
excretor	**inventor** ....
elevador	**realizador** ....

¿Verificamos?

1) Tenaces, tenacidad; atroces, atrocidad; capaces, capacidad; arroces, arrocero.
2) Lucecita, lucecilla, lucecica; pancito, panecito, panecico, panecillo; crucecita, crucecica, crucecilla; barcito, barcico, barcillo; solcito, solcillo, solcico; mujercita, mujercica, mujercilla; avecita, avecica, avecilla; florcita, florecita, florecica, florecilla; suavecita, suavecica, suavecilla.
3) Ilícito, explícito, implícito.
4) Deducir, seducir, deshacer, agradecer, renacer, complacer.
5) En el texto, las palabras se ordenan así: Patricio, comicio, suplicio, calvicie, superficie, inicie, vicio, caricia, inmundicia, prejuicio.
6) Caces, utilicemos, suavice, utilicen, materialicen.
7) Apreciar, renunciar, despreciar, iniciar, espaciar, rociar.
8) Ejemplos: inocencia, silencio, elegancia, docencia, atracción, inducción, redacción, inspección, diplomacia, acrobacia, batracio, estancia, extravagancia.
9) Ilustración, excreción, elevación, indicación, invención, realización.

Reforzamos nuestra ortografía

Palabras con **c** que no están comprendidas en las reglas ortográficas.

ceibo
cierto
decir
hacer
cebolla
cerebro
preciar
certeza
célebre
césped
ciclismo
certeza

cemento
cerdo
necesitar
gracias
cera
receta
maceta
proceso
decena
decente
décimo
decímetro

docente
celeste
ceder
cegar
ciego
ceibo
ceja
centeno
cepillo
central
cerrojo
certificado

Uso de la S

S

SE ESCRIBEN CON S

1) Las terminaciones **-oso**, **-osa** de ciertos adjetivos:

gracioso **perezosa** **jubiloso** **raposa** **poderoso**

2) Los sustantivos, generalmente abstractos, que tienen palabras afines terminadas en **-so**, **-sor**, **-sorio**, **-sible**, **-sivo**:

iluso → **ilusión**
confesor → **confesión**
visible → **visión**
compasivo → **compasión**

3) Las terminaciones **-erso**, **-ersa**:

converso **perversa** **adverso** **reverso** **viceversa** **persa**

4) Las terminaciones **-ísimo**, **-ísima** de los adjetivos en grado superlativo:

bellísimo **rapidísima** **grandísimo** **inteligentísimo** **sapientísimo**

5) Las terminaciones **-ésimo**, **-ésima** de los adjetivos numerales ordinales:

milésimo **centésimo** **tricentésimo** **octogésimo**

EXCEPCIONES: décimo y sus compuestos (undécimo, duodécimo, etc.) porque derivan de diez, y los derivados de las palabras terminadas en z se escriben con c.

6) Los sustantivos no abstractos y adjetivos terminados en **-és**:

finlandés
holandés
cordobés
cortés
revés
marqués
través
genovés

EXCEPCIONES:
fez - diez - pez - soez.

7) La terminación **-ense** de ciertos adjetivos gentilicios:

EXCEPCIÓN:
vascuence.

rioplatense **bonaerense** **tandilense**

8) Las terminaciones **-sivo, -siva** de ciertos adjetivos:

compasivo **decisiva**
expansivo **extensiva**

EXCEPCIONES:
lascivo - nociva.

9) Las terminaciones **-esto, -esta**:

apuesta **compuesto** **fiesta** **tiesto** **tuesto**

10) La terminación **-ista**:

realista **imperialista** **moralista** **protagonista**

11) El pronombre **se**:

en posición proclítica: **se escribieron**

en posición enclítica: **alejáronse**
aléjense
váyase

12) La terminación **-sura**:

EXCEPCIONES: zura
(paloma silvestre) y dulzura.

hermosura
comisura
preciosura

13) La terminación **-ismo** de algunos sustantivos:

altruismo **egoísmo** **socialismo**

14) La terminación **-sis** de algunos sustantivos:

hipnosis **hipótesis**
cirrosis **tesis**

EXCEPCIONES:
Piscis - Glacis.

S

¡A jugar y ejercitar!

1) Estas valijas indican el lugar de origen de cada pasajero. De acuerdo con cada una, completen el esquema:

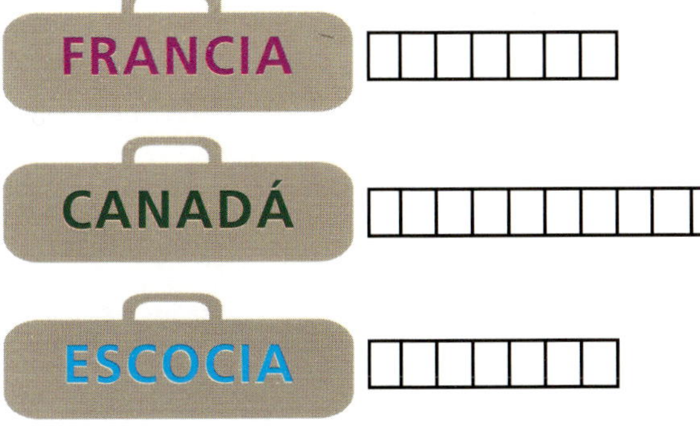

2) Si completan el grafigrama, encontrarán que en las dos columnas verticales remarcadas hay terminaciones estudiadas en las reglas ortográficas. ¿Cuáles son esas reglas?

1- Un mago es un....................
2- La persona que hace humor es...........
3- Una persona que hace bromas es.........
4- El que cura la dentadura es...........
5- Toda comunicación de hechos e informaciones que se hace por medio de periódicos, revistas, televisión, etc.
6- Religión fundada por Buda.
7- Actitud de desprecio a personas de otras razas.
8- Amor excesivo a uno mismo.

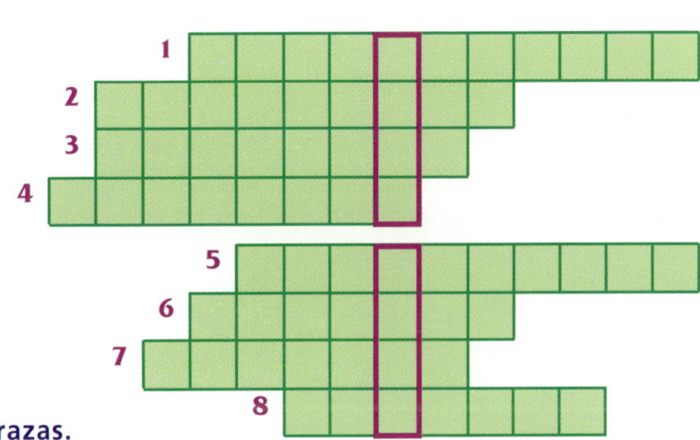

3) El redactor de un diario cambió los títulos de algunas noticias, reemplazando las frases superlativas por adjetivos superlativos. ¿Cómo las habrá escrito?

a) Un resultado muy claro en un partido desigual

....

b) Una jugada muy hábil permitió el triunfo

....

c) Comida muy sabrosa pero contaminada

....

d) Muy improvisada entrega de premios

....

e) A. F. R. enfrenta una etapa muy difícil

....

4) Les proponemos que formen familias de palabras a partir de estos verbos. Entre los derivados, podrán encontrar vocablos que siguen algunas de las reglas estudiadas. ¿Cuáles son?

oprimir	**precisar**	**prever**	**comprender**
suceder	**tensionar**	**admitir**	**poseer**

5) Coloca el pronombre **se** como enclítico en los siguientes verbos:

se ayudaron .... se espantaron ....

se reía .... se enojó ....

6) En estas palabras faltan terminaciones.
(Ayuda: todas siguen algunas de las reglas estudiadas.)

opu _ _ _ _	(adjetivo masculino o femenino)
septuag _ _ _ _ _	(adjetivo femenino o masculino)
encu _ _ _ _	(sustantivo femenino)
marip _ _ _	(sustantivo femenino)
v _ _ _ _	(sustantivo masculino)
apu _ _ _ _	(sustantivo femenino)

¿Verificamos?

1) Francés, canadiense, escocés, ateniense, portugués, barcelonés.
2) Ver gráfico.
3) a) Un resultado clarísimo en un partido desigual. - b) Una jugada habilísima permitió el triunfo. - c) Comida sabrosísima pero contaminada. - d) Improvisadísima entrega de premios. - e) A. F. R. enfrenta una etapa dificilísima.
4) Oprimir: opresor, opresión, opresivo. / Suceder: suceso, sucesor, sucesivo, sucesión. / Precisar: preciso, precisión. / Tensionar: tensionado, intenso, tensor, tensión, intensivo. / Prever: previsible, previsor, previsión. / Admitir: admisible, admisión. / Comprender: comprensible, comprensivo, comprensión. / Poseer: poseedor, posesivo, posesión.
5) Ayudáronse, reíase, espantáronse, enojose.
6) Opuesto, opuesta; septuagésimo, septuagésima; encuesta; mariposa; verso; apuesta.

2)

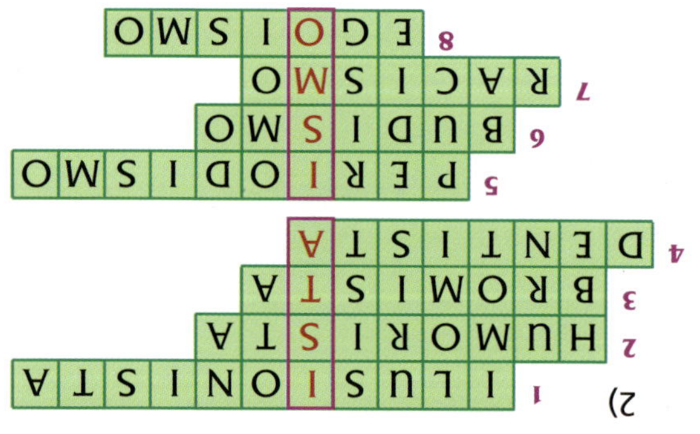

Las que suenan igual... pero SE ESCRIBEN DIFERENTE

asechar (poner artificios para hacer daño)

acechar (observar cautelosamente)

brasero (anafe, pieza metálica en que se echa lumbre para calentarse)

bracero (peón, jornalero)

cause (flexión del verbo causar - "*... una broma que cause gracia*")

cauce (acequia, lecho de los ríos y arroyos)

coser (unir con hilo y aguja)

cocer (preparar alimentos por medio de fuego)

consejo (indicación sobre una situación que se da o se toma; cuerpo consultivo - *Consejo de Educación*)

concejo (institución municipal - *Concejo Deliberante*)

intensión (de intensidad)

intención (determinación o propósito)

meces (flexión del verbo *mecer* - "*tú meces a tu niño*")

meses (plural de mes)

reces (flexión del verbo *rezar* - "*cuando reces...*")

reses (plural de res)

peces (plural de pez)

peses (flexión del verbo *pesar* - "*es conveniente que peses...*")

reciente (nuevo, acabado de hacer o suceder)

resiente (flexión del verbo *resentir* - "*se resiente su salud*")

cebo (flexión del verbo *cebar* - *"cebo a este animal para que engorde"*)

sebo (grasa de los animales herbívoros, gordura)

cede (flexión del verbo *ceder* - "*esta malla no cede...*")

sede (domicilio de una institución - *la sede del club*)

cegar (perder la vista; quitar la vista a alguien; ofuscar el entendimiento; tapar)

segar (cortar las mieses, cercenar o cortar cualquier cosa)

censual (relativo al censo - *"la planta censual"*)

sensual (relativo a los sentidos)

cerrar (contrario de abrir)

serrar (cortar con sierra)

cien (apócope de ciento; diez veces diez)

sien (parte de la cabeza entre la frente, la oreja y la mejilla)

ciervo (animal mamífero rumiante)

siervo (esclavo)

cima (la parte más alta o cúspide)

sima (abismo, hoyo profundo)

cita (encuentro; pasaje que se reproduce de un escrito)

sita (situada)

vocear (dar gritos; pregonar, llamar)

vosear (tratar de vos)

seda (tela fina; del verbo *sedar*)

ceda (del verbo *ceder*)

siega (del verbo segar; corte)

ciega (no vidente)

Jugamos con los homófonos

1) ¿Se animan a encontrar, entre estas palabras, las que tienen significados semejantes?

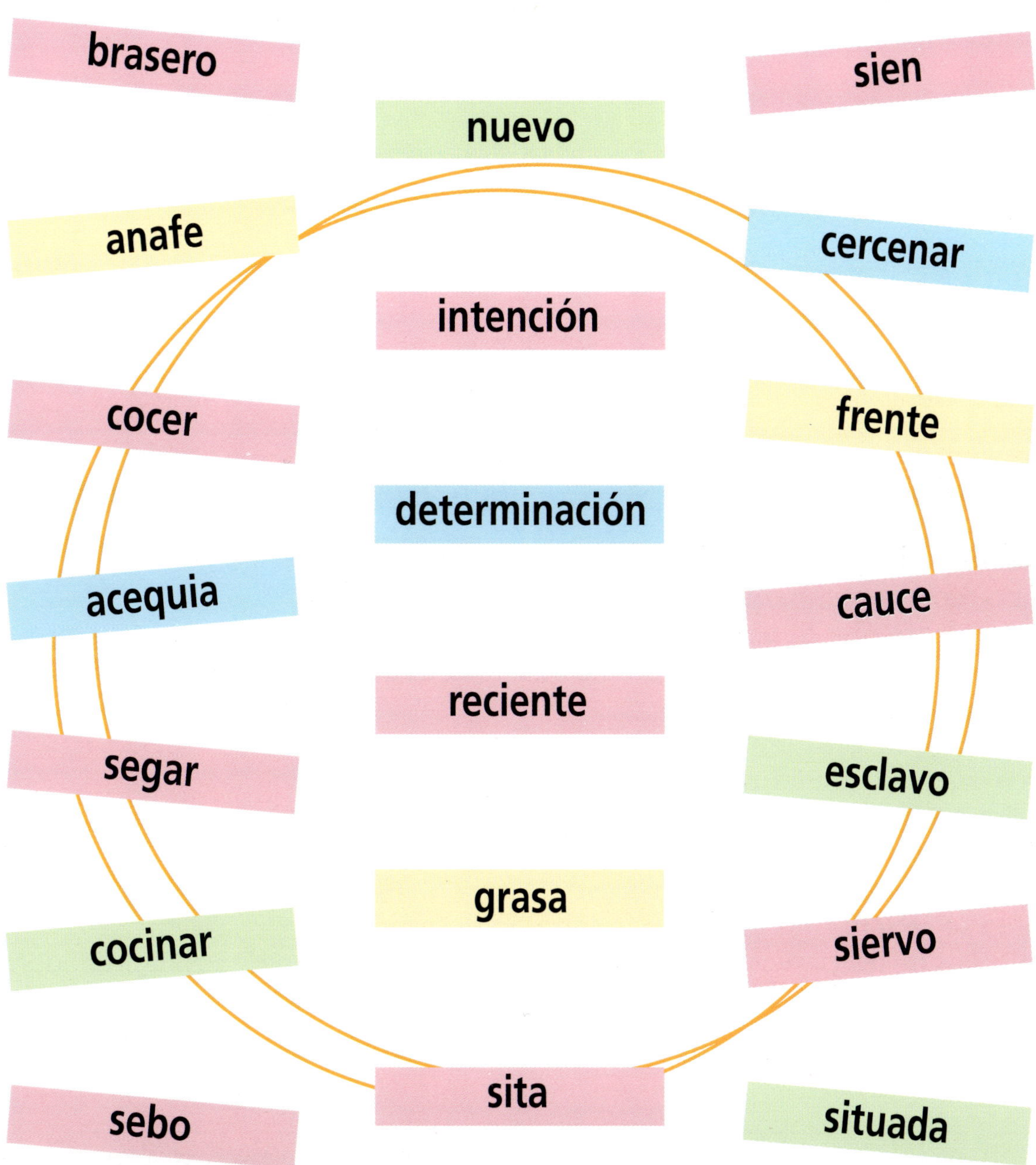

2) En la actividad de la página anterior, cada una de las palabras que están en rectángulo rosado tiene un homófono. Ayúdate con las páginas dedicadas a "*Las que suenan igual pero se escriben diferente*" para recordar su significado, y escribe una oración con cada uno de ellos.

bracero: --
cause: --
coser: --
resiente: --
intensión: --
cebo: --
cegar: --
cien: --
ciervo: --
cita: --

3) De acuerdo con el significado de cada oración, tachen el homónimo que no corresponde.

El ladrón **acechaba/asechaba** desde el balcón.
Te doy un **concejo/consejo**, con la mejor **intención/intensión**...: "¡Si quieres que las cosas salgan bien, debes hacerlas tú misma!"
¡Si **meces/meses** al niño de esa manera, vas a terminar por marearlo!
Cuando **reces/reses**, hazlo con el corazón.
Es conveniente que te **peces/peses** antes de desayunar.
La mayoría de las instituciones de bien público tiene **cede/sede** en la Capital.
¡**Cierra/sierra** la puerta!
En Argentina se acostumbra **vocear/vosear**.
¡Ayuda a aquella mujer **ciega/siega** a cruzar la calle!
El **Concejo/Consejo** Deliberante se encuentra en sesión.
El carnicero guarda las **reces/reses** en el refrigerador.
¡Qué bonitos **peces/peses** de colores!
La salud se **reciente/resiente** con la falta de descanso.
Los cuernos de los **ciervos/siervos** les sirven para defenderse de sus depredadores.

1) brasero-anafe; cauce-acequia; cocer-cocinar; reciente-nuevo; intención-determinación; sebo-grasa; segar-cercenar; sien-frente; siervo-esclavo; sita-situada.
2) Las palabras que deben quedar sin tachar son: acechaba, consejo, meces, reces, peses, sede, cierra, vosear, ciega, Concejo, reses, peces, resiente, ciervos.

Uso de la Z

Z

SE ESCRIBEN CON Z

1) Las terminaciones **-anza, -ez, -eza** de ciertos sustantivos (generalmente abstractos):

Pero también:

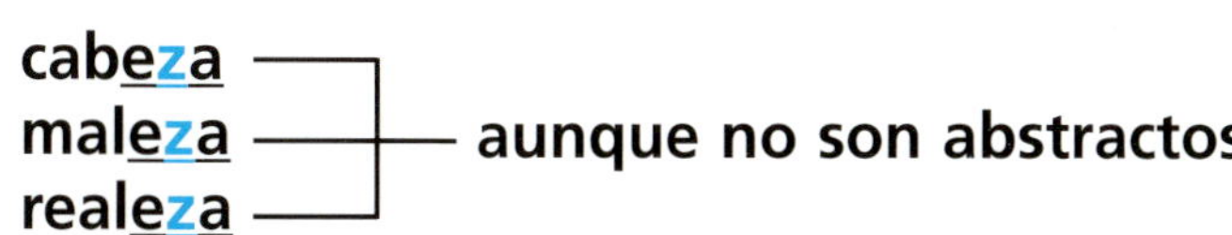

El sufijo **-esa** del femenino de ciertos sustantivos se escribe con s:

2) Los sufijos **-zuelo**, **-zuela**, que pueden tener un matiz despectivo o diminutivo:

mujerzuela
bestezuela
dictadorzuelo
actorzuelo

3) La terminación **-azo**, **-aza**, que significa golpe o tiene valor aumentativo:

golpazo
palazo
martillazo
perrazo
mujeraza
gatazo

4) Los adjetivos terminados en **-az**:

audaz **falaz** **mordaz**

5) La terminación **-azgo** de algunos sustantivos:

EXCEPCIONES: rasgo - trasgo.

madrinazgo **mayorazgo**

6) Las terminaciones **-izo**, **-iza** de algunos sustantivos y adjetivos:

EXCEPCIONES: conciso - indeciso - preciso - sumiso.

asustadizo **olvidadizo**
plomizo **caballeriza**

7) La terminación **-zal** de algunos sustantivos colectivos:

pasto → **pastizal**
lodo → **lodazal**
maíz → **maizal**
barro → **barrizal**

8) Los verbos terminados en **-izar**:

EXCEPCIONES: alisar - avisar - guisar - irisar - pisar.

realizar **canalizar**
paralizar **rivalizar**

9) Las inflexiones de los verbos terminados en **-acer, -ecer, -ocer, -ucir**, en las cuales la **c** tiene sonido fuerte (delante de **a** o de **o**):

nacer → **nazco**
palidecer → **palidezco**
desconocer → **desconozca**
inducir → **induzca**

10) Los sufijos **-izco, -izca, -uzco, -uzca**:

EXCEPCIONES: pardusco - verdusco.

blanquizca **blancuzca** **negruzco**

11) Los sustantivos y adjetivos terminados en **-iz, -oz, -uz**:

automotriz **precoz** **testuz**

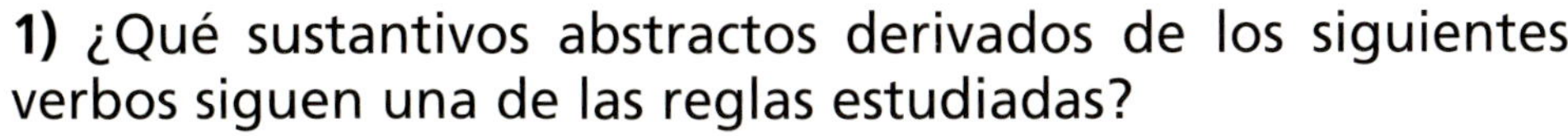

1) ¿Qué sustantivos abstractos derivados de los siguientes verbos siguen una de las reglas estudiadas?

tardar	....	labrar	....
cobrar	....	enseñar	....
semejar	....	matar	....

2) Si combinan las sílabas de las tres ruedas, podrán formar palabras que siguen una regla estudiada. Descubramos las palabras y cuáles son las reglas. ¡Atención! Una de las palabras tiene solamente dos sílabas.

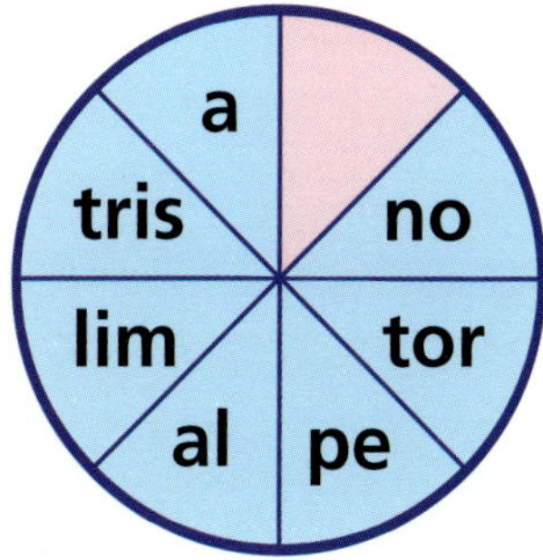

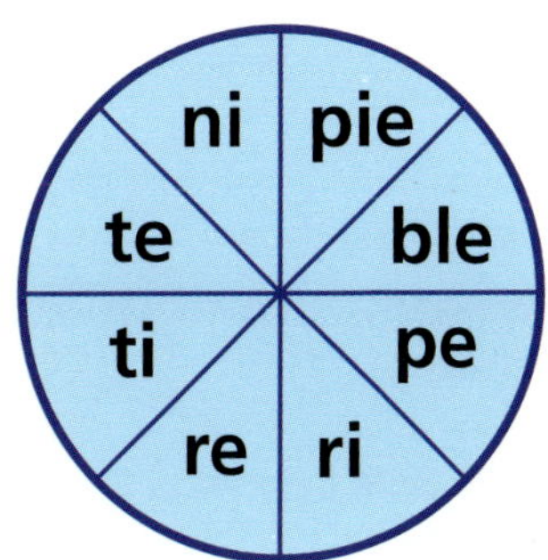

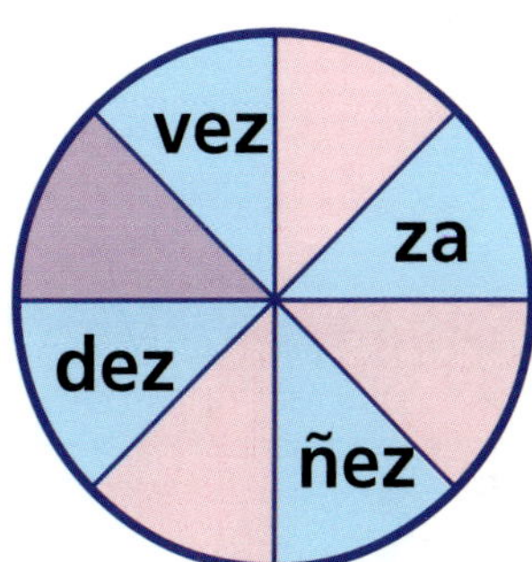

3) ¿Qué palabras que sigan algunas de las reglas anteriormente vistas pueden formarse a partir de las siguientes?

eficacia	....
joven	....
fiera	....
resbalar	....
cardo	....
felicidad	....

4) Regla invisible. La oración contenida en los casilleros es una de las reglas ortográficas. Con un poco de ingenio (... y la ayuda del libro), podrán completarla. Luego, teniendo en cuenta los números de cada letra, descubrirán ejemplos de palabras que siguen esa regla:

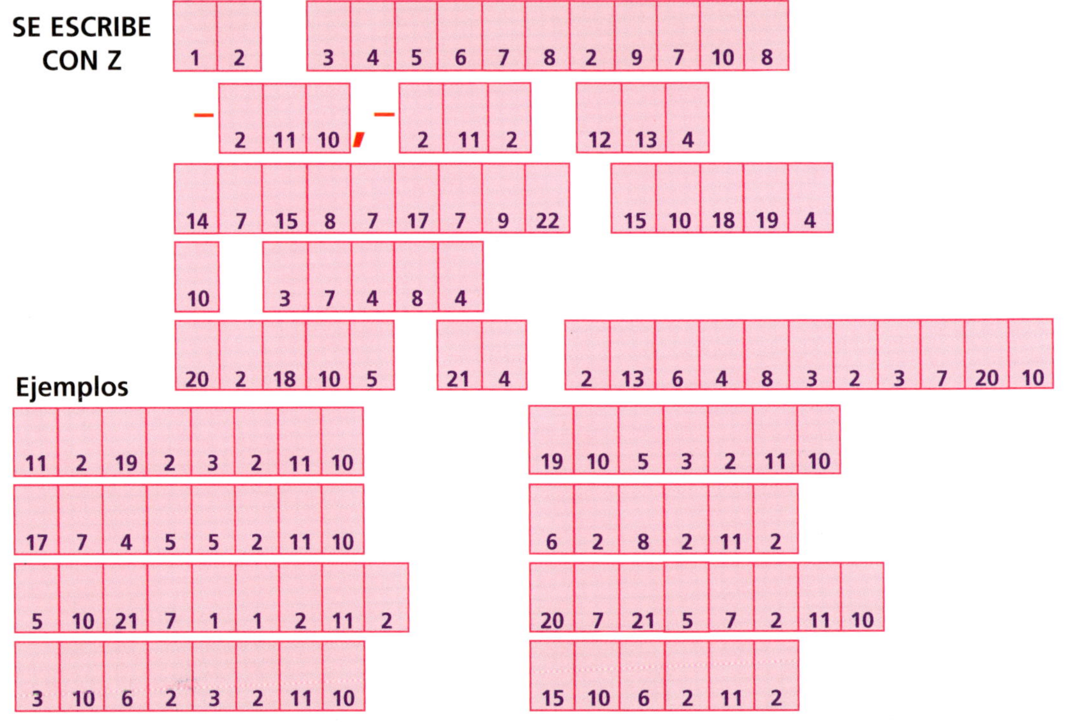

5) ¿Cómo se escribe la primera persona del singular de los presentes del indicativo y del subjuntivo de los siguientes verbos?

VERBOS	1.ª persona singular, presente del indicativo	1.ª persona singular, presente del subjuntivo
lucir reducir introducir restablecer fortalecer		

6) Con estas trece letras podrán formar cuatro infinitivos que, por sus terminaciones, siguen una de las reglas estudiadas. (¡Atención!: las letras pueden repetirse más de una vez!) Ayudita: las palabras clave son **moral** (+ prefijo), **centro**, **moderno** y **carácter**.

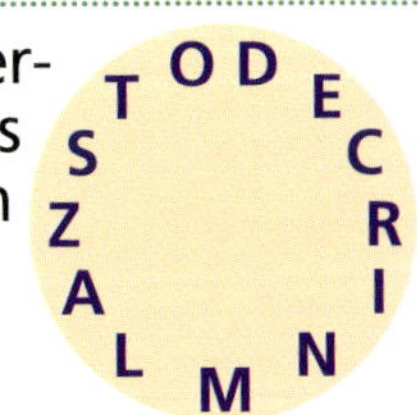

1) Tardanza, labranza, cobranza, enseñanza, semejanza, matanza.
2) Aridez, tristeza, limpieza, altivez, pereza, torpeza, nobleza, niñez.
3) Eficaz, jovenzuelo, fiereza, resbaladizo, cardizal, feliz.
4) "Se escribe con z: la terminación -azo, -aza que significa golpe o tiene valor de aumentativo."
Los ejemplos son: zapatazo, portazo, fierrazo, manaza, rodillaza, vidriazo, tomatazo, gomaza.
5) Luzco, luzca; reduzco, reduzca; introduzco, introduzca; restablezco, restablezca; fortalezco, fortalezca.
6) Desmoralizar, centralizar, modernizar, caracterizar.

Z

Las que suenan igual... pero SE ESCRIBEN DIFERENTE

abrasar (quemar con brasas)
abrazar (dar abrazos)

asar (cocinar)
azar (casualidad)

casa (morada, vivienda)
caza (cacería; del verbo *cazar*)

casar (contraer enlace)
cazar (ir de caza)

as (naipe)
has (del verbo *hacer*)
haz (manojo; imperativo de *hacer*)

masa (compuesto sólido)
maza (instrumento)

poso (del verbo *posar*; sedimento)
pozo (hoyo profundo)

rebosar (salirse de nivel)
rebozar (poner rebozo)

sumo (altísimo, supremo)
zumo (jugo de frutas)

tasa (precio impuesto; del verbo *tasar*)
taza (recipiente)

Reforzamos nuestra ortografía

Muchas palabras con z no siguen ninguna regla. Veamos algunas de las que podemos llegar a utilizar con más o menos frecuencia:

paz	zapatilla	zángano	zumo	zócalo
zorro	zorzal	zapallo	brazo	zanco
zurcir	zanja	izquierda	zanahoria	zamarrear
zancadilla	zarpa	cabeza	bostezo	zona
zapatear	zoológico	zambullir	descalzo	zurdo
	zafiro	zaguán	zancudo	

Es hora de un repaso

1) En la lista de palabras del cuadro, todas son excepciones. ¿Serían capaces de descubrir cuál es la regla ortográfica que no siguen y dar un ejemplo de los vocablos que sí lo hacen? (Una ayudita: **cursillo**, excepción de la regla que dice "se escriben con c las terminaciones -cillo"; cancioncilla, ejemplo que sigue la regla.)

EXCEPCIONES	EJEMPLOS que siguen la regla
cursillo	cancioncilla
potasio	
décimo	
nociva	
sumiso	
pardusco	
anestesiar	
presidir	
pisar	

2) En estos títulos, faltan algunas letras, y la persona que debe corregir la página está desorientada. ¿Podrían ayudarla?

FERO_ MORDIDA A UNA SALCHICHA.

¿QUIÉN CONDU_E EL TREN?

NO GANÓ PERO LOGRÓ RE_IBIR UN PREMIO.

HIJO ÚNICO COMETIÓ FRATI_IDIO.

PELIGRO_A MOSCA RESULTÓ MARAVILLO_A.

ANDINI_TA LOGRÓ LLEGAR A 1.000 METROS DE PROFUNDIDAD.

PRACTICABA HIPNO_IS Y SE QUEDÓ DORMIDO.

3) Indiquen la primera persona del plural de los presentes del indicativo y del subjuntivo de los siguientes verbos:

lucir	....
fertilizar	....
reducir	....
esclarecer	....
pasar	....
avanzar	....
toser	....
empobrecer	....
analizar	....

4) En la máquina de transformar palabras, se procesaron las que figuran abajo. Los vocablos obtenidos son sustantivos abstractos, y sus terminaciones se escriben con **c** o **s**. ¿Cuáles serán?

ansiar	**áspero**	....
empobrecer	**tozudo**	....
constante	**tenaz**	....
cortés	**tibio**	....
propenso	**locuaz**	....
contraer	**obtener**	....
feliz	**tolerante**	....
inteligente	**honrado**	....
procaz	**justo**	....

1) Ejemplos: cancioncilla, batracio, trigésimo, masiva, caliza, traduzco, terciar, reincidir, idealizar.
2) Feroz, conduce, recibir, fratricidio, peligrosa, maravillosa, andinista, hipnosis.
3) Lucimos, luzcamos; fertilizamos, fertilicemos; reducimos, reduzcamos; esclarecemos, esclarezcamos; pasamos, pasemos; avanzamos, avancemos; tosemos, tosamos; empobrecemos, empobrezcamos; analizamos, analicemos.
4) Ansiedad, aspereza, empobrecimiento, tozudez, constancia, simpleza, tenacidad, vigencia, cortesía, tibieza, propensión, locuacidad, contracción, obtención, felicidad, tolerancia, inteligencia, honradez, procacidad, justicia.

¿Con C, con S o con Z?

Las que suenan igual... pero SE ESCRIBEN DIFERENTE

acecinar (preparar cecina)
asesinar (matar)

ase (del verbo *asir*; del verbo *asar*)
hace (del verbo *hacer*)

asertar (aseverar)
acertar (adivinar)

Asia (continente)
hacia (preposición)

asía (del verbo *asir*)
hacía (del verbo *hacer*)

azada (instrumento)
asada (cocida al fuego)

basar (fundamentar)
bazar (almacén, tienda)

cenado (participio del verbo *cenar*)
senado (asamblea de senadores)

ceno (del verbo *cenar*)
seno (regazo)

cerviz (parte posterior del cuello)
servís (del verbo *servir*)

cesión (donación)
sesión (junta)

ceso (del verbo *cesar*)
seso (cerebro)

ciento (diez decenas)
siento (verbo sentir)

cierra (del verbo *cerrar*)
sierra (herramienta; monte)

coces (patadas)
coses (del verbo *coser*)

dieces (plural de diez)
dieses (del verbo *dar*)

encausar (formar causa)
encauzar (abrir cauce; enderezar)

ensalsar (poner salsa)
ensalzar (engrandecer, exaltar)

heces (excremento)
eses (plural de la letra s)

hoces (plural de hoz)
oses (del verbo *osar*)

insipiente (ignorante)
incipiente (que comienza)

laso (flojo, laxo, sin tensión)
lazo (lazada, cuerda)

lisa (suave, pareja)
liza (campo de lucha)

losa (baldosa, lápida)
loza (arcilla cocida)

mesa (mueble)
meza (del verbo *mecer*)

pace (del verbo *pacer*)
pase (verbo *pasar*, permiso)

pes (plural de la letra p)
pez (animal acuático)

risa (manifestación de alegría)
riza (del verbo *rizar*)

rosa (flor)
roza (del verbo *rozar*)

ves (del verbo *ver*)
vez (ocasión)

verás (del verbo *ver*)
veraz (que dice la verdad)

Jugamos con los homófonos

1) En este ejercicio les proponemos que unan cada palabra con su significado. ¡Adelante!

acecinar	• **almacén, tienda**
asesinar	• **parte posterior del cuello**
asertar	• **suave, pareja**
acertar	• **aseverar**
azada	• **preparar cecina**
asada	• **donación**
basar	• **regazo**
bazar	• **campo de lucha**
ceno	• **flexión del verbo *servir***
seno	• **baldosa; lápida**
cerviz	• **cocida a fuego**
servís	• **plural de hoz**
cesión	• **junta**
sesión	• **arcilla cocida**
coces	• **manifestación de alegría**
coses	• **flexión del verbo *rizar***
heces	• **patadas**
eses	• **excremento**
hoces	• **flexión del verbo *coser***
oses	• **matar**
lisa	• **adivinar**
liza	• **flexión del verbo *osar***
losa	• **instrumento de labranza**
loza	• **flexión del verbo *cenar***
risa	• **plural de la letra *s***
riza	• **fundamentar**

2) ¡Atención! Completen estas oraciones con c, s o z según corresponda. Muchas de las palabras que encontrarán aquí no se encuentran en los listados de homófonos; para saber si se escriben con c, s o z, deberán acudir al diccionario. ¡Suerte!

—¿Qué ha__e aquí? ¡Le advierto, señora, que, si se mete en los que no le importa, la van a a__e__inar!

El avión parte ha__ia A__ia una ve__ al día.

—¿Lo ve__? En los me__es de verano, el ba__ar __ierra a las die__.

—¡Te lo dije __ien ve__es! Antes de hablar, espera a que se te pa__e la ri__a.

En el __enado, nadie había __enado esa noche. La me__a estaba __ervida, los alimentos co__idos y el bra__ero en__endido y brillando con toda su inten__idad.

—¿Te doy un con__ejo...? Endere__a esa ro__a, su tallo se re-entirá si lo dejas tor__ido.

Estuve lijando hasta dejar li__a la lo__a.

Me muero de ri__a con la niña del cabello ri__aso.

¡Cuidado con donde po__as tus pies! ¡Puedes caerte en un po__o!

1) acecinar-preparar cecina; asesinar-matar; asertar-aseverar; acertar-adivinar; azada-instrumento de labranza; asada-cocida al fuego; basar-fundamentar; bazar-almacén, tienda; ceno-flexión del verbo *cenar*; seno-regazo; cerviz-parte posterior del cuello; servís-flexión del verbo *servir*; cesión-donación; sesión-junta; coces-patadas; coses-flexión del verbo *coser*; heces-excremento; oses-flexión del verbo *osar*; lisa-suave, pareja; liza-campo de lucha; losa-baldosa, lápida; loza-arcilla cocida; risa-manifestación de alegría; riza-flexión del verbo *rizar*.

2) —¿Qué ha**c**e aquí? ¡Le advierto, señora, que, si se mete en los que no le importa, la van a a**s**e**s**inar! - El avión parte ha**c**ia A**s**ia una ve**z** al día. - —¿Lo ve**s**? En los me**s**es de verano, el **b**azar **c**ierra a las die**z**. - —¡Te lo dije **c**ien ve**c**es! Antes de hablar, espera a que se te pa**s**e la ri**s**a. - En el **S**enado, nadie había **c**enado esa noche. La me**s**a estaba **s**ervida, los alimentos co**c**idos y el bra**s**ero en**c**endido y brillando con toda su inten**s**idad. -

—¿Te doy un con**s**ejo...? Endere**z**a esa ro**s**a, su tallo se re**s**entirá si lo dejas tor**c**ido. - Estuve lijando hasta dejar li**s**a la lo**z**a. - Me muero de ri**s**a con la niña del cabello ri**z**ado. - ¡Cuidado con donde po**s**as tus pies! ¡Puedes caerte en un po**z**o!

Uso de la G

G

LA G

Esta consonante puede ser pronunciada de dos maneras diferentes:

a) **con sonido fuerte**, como el de la j, delante de las vocales **e**, **i**:

gemir	**gelatina**	**exigente**
gitano	**gimió**	**gimnasia**

b) **con sonido débil**, delante de **a**, **o**, **u**:

gato	**gorila**	**gusano**
hígado	**agorero**	**angustia**

• Para que la **g** tenga un sonido débil delante de **e** y de **i**, se intercala una **u** que no tiene sonido:

guerra **guijarro**

• Para que la **u** tenga sonido, debe llevar el signo de diéresis (ü):

avergüenza	**agüero**
agüita	**pingüino**

SE ESCRIBEN CON G

1) Los verbos terminados en **-ger**, **-gir**, **-gerar**:

proteger	**corregir**	**refrigerar**
escoger	**dirigir**	**morigerar**
recoger	**elegir**	**aligerar**

EXCEPCIONES: brujir - crujir - tejer - desquijerar.

Las formas de los verbos terminados en **-ger**, **-gir**, cuyas terminaciones empiezan con **a** o con **o**, se escriben con **j**.

proteja	**corrijo**
escojamos	**dirijáis**
recojo	**elijan**

2) El grupo **gen**:

gentilicio	**regente**
imagen	**progenitor**
general	**vigencia**
ingeniero	**generoso**

• El grupo **gen** puede o no formar sílaba:

gente **gen - te** **genuino** **ge - nui - no**

EXCEPCIONES: ajenjo - ajeno - berenjena - comején - jenjibre - jején.

Por lo tanto, las terminaciones **-gencia**, **-gente** se escriben con **g**, al igual que los adjetivos terminados en **-génito**, **-génita** y **-genario**, **-genaria**:

agencia	**agente**
regencia	**regente**
urgencia	**urgente**
vigencia	**vigente**
unigénito	**octogenario**
primogénito	**septuagenario**

G

3) También se escriben con **g** las terminaciones **-gia, -gio, -gión:**

magia **adagio** **región**
nostalgia **prestigio** **religión**

Y las palabras afines:

mágico **prestigiosa**
nostálgico **regional**
adagial **correligionaria**

4) El elemento **geo** (voz de origen griego cuyo significado es "tierra"):

geometría **geografía** **geopolítico**
geología **apogeo** **geocéntrico**

5) El sufijo **-logía** (que significa "tratado", "ciencia"):

Antropología **Psicología**
Biología **Sociología**
Mineralogía **Merceología**

6) La terminación **-gésimo, -gésima** de ciertos adjetivos numerales ordinales:

vigésimo **trigésimo** **cuadragésima** **septuagésima**

¡A jugar y ejercitar!

1) Palabras en clave. Para completar las palabras horizontales, hay que seguir las claves de los casilleros. Las verticales indican la regla que siguen. (Ayuda: la P no figura en ninguna; las que no se repiten son S, F, L, D y H, en ese orden si se comienza desde arriba.) Después de descubrir las palabras, busquen su significado en el diccionario para fijarlas mejor.

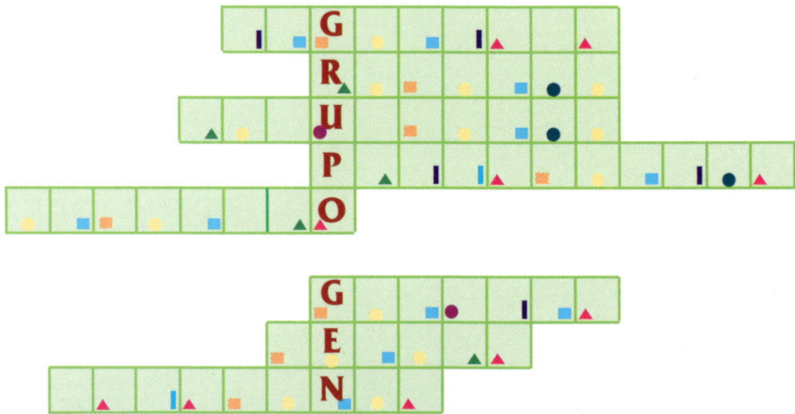

2) ¿Se animan a escribir los adjetivos ordinales correspondientes a los siguientes números?

90 → .... 84 → ....

55 → .... 76 → ....

31 → .... 40 → ....

3) Si completan las palabras con una de las terminaciones estudiadas, obtendrán el nombre de algunas ciencias y estudios. Luego, indiquen cuál es la definición de cada una.

fisio ______ a) Estudio de los dientes y sus enfermedades.

filo ______ b) Parte de la medicina que estudia las enfermedades.

pato ______ c) Ciencia que estudia las lenguas.

odonto ______ d) Ciencia que estudia los fenómenos atmosféricos.

metodo ______ e) Ciencia que estudia las funciones de los seres orgánicos y los fenómenos de la vida.

meteoro ______ f) Ciencia del método.

G

4) Completen las oraciones con las formas verbales indicadas. Primero deben agregar la letra que falta:

a) corre_ir	**Perfecto simple del modo indicativo**
b) sur_ir	**Pretérito imperfecto del modo subjuntivo**
c) sumer_ir	**Futuro imperfecto del modo indicativo**
d) prote_er	**Pretérito imperfecto del modo subjuntivo**
e) re_ir	**Presente del modo indicativo**

a- **La profesora .... los trabajos antes del mediodía.**

b- **Era necesario que de esta elección .... el nuevo presidente de la asociación.**

c- **Nunca me .... en la pileta con este reloj, aunque, cuando lo compré, me dijeron que es sumergible.**

d- **Los diputados promulgaron esa ley para que el gobierno .... a los trabajadores.**

e- **Esta ley .... desde la semana pasada.**

5) En esta sopa de letras están escondidas 8 palabras.
Una vez que las ubiquen, indiquen a qué regla responden. (Recuerden que las palabras pueden aparecer de arriba a abajo, oblicuas, de derecha a izquierda y viceversa.)

h	n	e	i	t	r	u	u	e
o	i	g	a	l	p	d	o	l
i	e	t	s	a	x	i	d	n
i	r	e	f	u	g	i	o	n
n	e	u	r	a	l	g	i	a
i	g	z	t	e	a	f	g	u
b	i	n	o	s	z	h	o	v
c	o	l	e	g	i	o	l	o
c	e	j	i	n	d	p	e	p
n	a	u	f	r	a	g	i	o

6) Completa con las letras que faltan:

Ayer en el cole_io tuve prueba de _eografía. No me considero un _enio en esa materia, a mí me gustan más la _eometría y la matemática, pero considero que me fue bastante bien. Mucha _ente que conozco opina que puedo ser profesor en esas materias. Naturalmente, para mí, la persona más inteli_ente del siglo XX fue Albert Einstein. Gracias a él se pudo llegar al rayo láser, que se usa en medicina y en oftalmolo_ía para realizar operaciones.

G

7) Busquen en el diccionario todas las palabras que comienzan con **geo**, anótenlas y úsenlas en oraciones.

¿Verificamos?

1). Ingenioso, regente, refulgente, primogénito, engendro, genuino, género, homogéneo.
2). Nonagésimo, quincuagésimo quinto, trigésimo primero, octogésimo cuarto, septuagésimo sexto, cuadragésimo.
3). a) Odontología. b) Patología. c) Filología. d) Meteorología. e) Fisiología. f) Metodología.
4). Corregir, corrigió; surgir, surgiera; sumergir, sumergiré; proteger, protegiera; regir, rige.
5). (Ver gráfico.)

h	n	e	i	t	r	u	u	e
o	i	g	a	l	p	d	o	l
i	e	t	s	a	x	i	d	n
i	r	e	f	u	g	i	o	n
n	e	u	r	a	l	g	i	a
i	g	z	t	e	a	f	g	u
b	i	n	o	s	z	h	o	v
c	o	l	e	g	i	o	l	o
c	e	j	i	n	d	p	e	p
n	a	u	f	r	a	g	i	o

6). Ayer en el colegio tuve prueba de geografía. No me considero un genio en esa materia, a mí me gusta más la geometría y la matemática, pero considero que me fue bastante bien. Mucha gente que conozco opina que puedo ser profesor en esas materias. Naturalmente, para mí, la persona más inteligente del siglo XX fue Albert Einstein. Gracias a él se pudo llegar al rayo láser, que se usa en medicina y en oftalmología para realizar operaciones.
7) Algunas de las que pueden encontrar: geodesia, geofísica, geografía, geológico, etc.

Reforzamos nuestra ortografía

Aquí les damos una lista de palabras que se escriben con **g** para que repasen y practiquen.

girasol	ángel	elogio
colegio	gitano	trágico
página	gimnasia	gigante
original	indígena	gestionar
agilidad	gestión	registrar
imaginar	vigilar	gemelo
agitar	afligir	mágico
germinación	indigestión	gema

Uso de la J

J

SE ESCRIBEN CON J

1) El sonido fuerte delante de **a, o, u**:

jamón	**joroba**	**juramento**
jamaica	**jota**	**justicia**

Y al final de palabra:

boj	**carcaj**	**reloj**

2) Las terminaciones **-jera, -jero, -jería**:

mensajera	**mensajero**	**mensajería**
extranjera	**cerrajero**	**cerrajería**
consejera	**relojero**	**relojería**
	pasajero	**conserjería**

El sufijo -**jería** significa "lugar donde" o "propio de".

EXCEPCIONES: alígero - belígero - flamígero - ligero.

¡Cuidado!

La 1.ª y la 3.ª persona del singular del presente del indicativo de los verbos terminados en **-gerar** se escriben con **g**.

exagero	**aligero**	**refrigero**
exagera	**aligera**	**refrigera**

3) La terminación **-aje:**

homenaje
paisaje
personaje
arbitraje
rastrillaje
mensaje
maquillaje
salvataje
ramaje
gauchaje
defasaje
lenguaje

EXCEPCIONES: enálage, hipálage, ambages.

¡Atención!

El sufijo -**aje** puede significar, entre otras cosas, a) una acción: aprendizaje (acción de aprender); b) un conjunto de personas o cosas: ramaje (conjunto de ramas).

4) El pretérito perfecto simple, el pretérito imperfecto y el futuro del subjuntivo de los verbos terminados en **-ducir**, y de **traer** y **decir** y sus compuestos:

conduje
dije
traje
sustraje
distraje
condujera/-ese
dijera/-ese
trajera/-ese
sustrajera/-ese
distrajera/-ese
condujere
dijere
trajere
sustrajere
distrajere

5) El grupo **eje-** al principio de palabra:

ejecución
ejecutar
ejemplo
ejemplificar
ejercitar
ejercicio

Reforzamos nuestra ortografía

Lean con atención estas palabras e intenten memorizarlas...

jefe
jirafa
jilguero
tejer
crujir
sujeto
objeción
jerarquía
jinete
ají
tarjeta
tejido
crujido
objeto
sujeción
objetivo

¡A jugar y ejercitar!

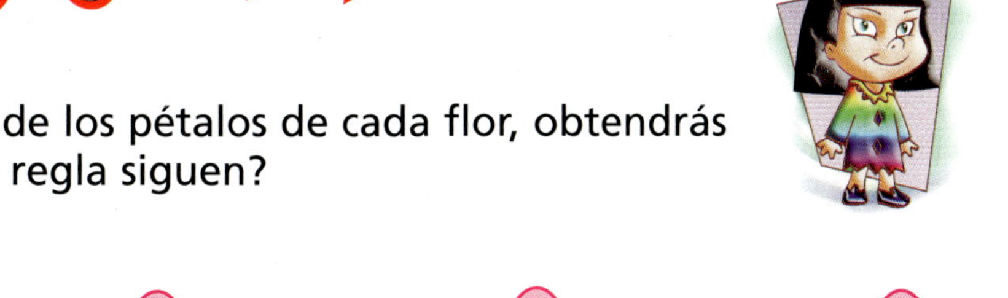

1) Uniendo las sílabas de los pétalos de cada flor, obtendrás cuatro palabras. ¿Qué regla siguen?

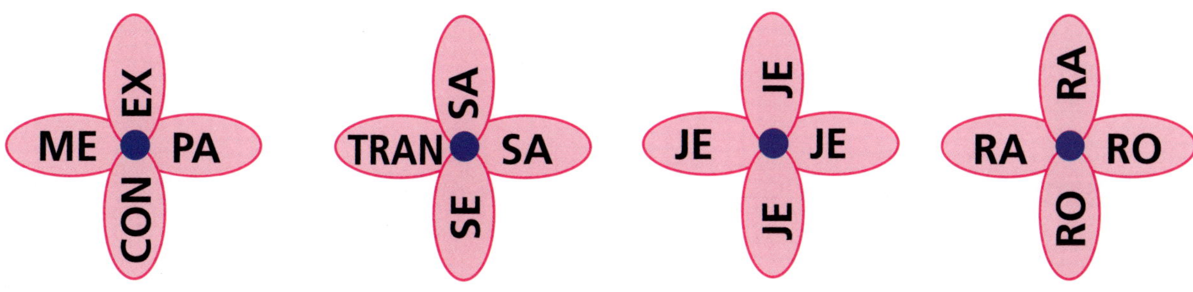

2) Completen el cuadro con palabras derivadas de las que están en la lista y que sigan una de las reglas estudiadas. ¿Se animan a hacer un breve relato con ellas?

PALABRAS	DERIVADAS
aprender	....
arbitrar	....
persona	....
mueble	....
lengua	....
salvar	....

3) Escriban las terminaciones de estas formas verbales de acuerdo con las indicaciones de modo, tiempo, persona y número.

INFINITIVO	INDICACIONES	FORMA VERBAL
traducir	Pretérito imperfecto del subjuntivo, 1.ª pers. sg.	trad ....
conducir	Pretérito perfecto simple del indicativo, 2.ª pers. sg.	cond ....
contraer	Futuro imperfecto del subjuntivo, 3.ª pers. pl.	contr ....
predecir	Pretérito perfecto simple del indicativo, 1.ª persona pl.	pred ....

4) Escriban palabras de la familia de:

ejercer **ejemplo** **ejecutar**

5) Completen las siguientes oraciones con las palabras que correspondan, de las que figuran el pie.

a- Me duele el cuello. ¿Me harías un ....?
b- Ana sacó un buen .... en la prueba de ciencias.
c- El 12 de octubre se realizará un .... a Cristóbal Colón.
d- Envíale un .... a Sebastián.
e- Antes de conectar un aparato eléctrico, conviene revisar el .... requerido.
f- ¡Qué ganas de hacer un .... a la Polinesia!
g- Gustavo compró un .... de avión en primera clase.

homenaje - pasaje - masaje - puntaje - viaje - mensaje - voltaje

¿Verificamos?

1) Mensajero, extranjera, consejero, pasajera.
2) Aprendizaje, arbitraje, personaje, moblaje, lenguaje, salvataje.
3) Tradujera, condujiste, contrajeren, predijimos.
4) Ejercicio, ejercitar, ejercitación; ejemplificar, ejemplificación, ejemplar; ejecutor, ejecución.
5) a- masaje; b- puntaje; c- homenaje; d- mensaje; e- voltaje; f- viaje; g- pasaje.

Las que suenan igual... pero SE ESCRIBEN DIFERENTE

¿Con G o con J?

agito (flexión del verbo *agitar*, 1.ª persona del presente del indicativo)
ajito (diminutivo de ajo)

ingerir (introducir comida o medicamentos en la boca)
injerir (incluir una cosa en otra haciendo mención de ella; entrometerse en algo)

vegete (flexión del verbo *vegetar*)
vejete (despectivo de viejo)

gira (flexión del verbo *girar*)
jira (excursión; desgarro)

girón (aumentativo de giro; gallo que tiene plumaje matizado de amarillo; hombre resuelto, valiente)
jirón (faja que se echa en el ruedo del sayo o saya; pedazo desgarrado de vestido o de otra tela, pendón o guión que remata en punta; porción pequeña de un todo)

Es hora de un repaso

1) En estos versos del poema "El tango", de Jorge Luis Borges (escritor argentino), faltan las letras **g** y **j**. ¿Pueden reponerlas? (**¡Atención con las reglas!**)

¿Dónde estarán?, pre_unta la ele_ía
de quienes ya no son, como si hubiera
una re_ión en que el Ayer pudiera
ser el Hoy, el Aún y el Todavía.

¿Dónde estará (repito) el maleva_e
que fundó en polvorientos calle_ones
de tierra y en perdidas poblaciones,
la secta del cuchillo y el cora_e?

....

Una mitolo_ía de puñales
lentamente se anuda en el olvido;
una canción de _esta se ha perdido
en sórdidas noticias policiales.

....

En la música están, en el corda_e
de la terca _uitarra traba_osa
que trama en la milon_a venturosa
la fiesta y la inocencia del cora_e.

_ira en el hueco la amarilla rueda
de caballos y leones, y oi_o el eco
de esos tan_os de Arolas y de Greco
que hoy he visto bailar en la vereda,

en un instante que hoy emer_e aislado,
sin antes ni después, contra el olvido,
y que tiene el sabor de lo perdido,
de lo perdido y lo recuperado.

2) Indiquen los sustantivos colectivos correspondientes al conjunto de:

gauchos ....
ramas ....
paisanos ....
andamios ....

3) Escriban las palabras que correspondan a estas definiciones:

- Flexión del verbo **aligerar** para la 1.ª persona singular, presente del modo indicativo.
- Perro cuidador de ovejas.
- Flexión del verbo **regir** para la 3.ª persona plural, presente del indicativo.
- Flexión del verbo **elegir** para la 3.ª persona singular, presente del subjuntivo.
- Transmisión de una enfermedad específica.
- Cardinal de 60.
- Labor hecha con el rastrillo.
- Ciencia que estudia la formación y la composición de la Tierra.

Para fijar la ortografía y comprender el significado de las palabras, les proponemos que las utilicen para completar las siguientes oraciones:

a- Antes de sembrar, se hizo un .... del terreno para sacar la maleza.

b- Es mejor que los niños hagan cuarentena para evitar el ....

c- Cuando la mochila está pesada, la .... sacando las cosas inútiles.

d- Estamos estudiando algunos temas de ....

e- Luciana tiene un perro .... muy manso.

f- Las nuevas normas .... a partir del próximo mes.

g- Se celebró el .... aniversario de nuestra escuela.

h- No creo que ella .... la peor opción.

4) Ahora, ponemos en práctica lo aprendido, completando con **g** o **j**.

pluma ___ e

cuadra ___ ésimo

___ eotropismo

corri ___ an

en ___ endro

relo ___

cru ___ ido

ob ___ etivo

sona ___ ero

calle ___ ero

con ___ énito

presa ___ io

indu ___ eran

e ___ ercitar

exa ___ ero

traumatolo ___ ía

___ rasitud

corri ___ iera

septa ___ enario

___ usticia

qui ___ ada

refri ___ eración

___ erarquía

Te dejo una frase de regalo.

"Si te aflige que alguien se entere de lo que harás, no lo hagas."

(Proverbio chino)

5) Descubran, entre las palabras que se encuentran en el círculo, las que son sinónimos de las que figuran en esta lista:

amable: ....
inmigrante: ....
inocente: ....
enviado: ....
legítimo: ....
asesor: ....
representación: ....
momentáneo: ....
talento: ....
cavidad: ....
concordar: ....
cobrador: ....
originar: ....
turista: ....
amabilidad: ....

extranjero
gentileza
mensajero
congeniar
genuino
imagen
consejero
ingenuo
pasajero
gentil
agujero
cajero
genio
viajero
generar

6) ¿Qué reglas de uso han podido observar en el ejercicio anterior?

7) En esta sopa de letras, encontrarán diez palabras. Ayudita: cinco responden a una regla del uso de la g, y otras cinco a una regla para el uso de la j. ¿Cuáles son estas reglas?

p	e	r	s	o	n	a	j	e	c
s	u	o	s	m	a	g	i	a	o
u	t	l	m	i	r	s	c	c	l
f	b	a	t	w	i	t	o	m	e
r	t	i	p	r	s	q	r	e	g
a	m	c	e	i	a	l	a	n	i
g	r	e	g	i	o	i	j	s	o
i	h	r	a	m	a	j	e	a	j
o	r	t	e	l	a	n	s	j	o
p	r	e	s	a	g	i	o	e	t

8) Escriban oraciones con las siguientes palabras:

agito: --
ajito: --

ingerir: --
injerir: --

vegete: --
vejete: --

gira: --
jira: --

Jamás me imaginé que un ejercicio me generaría tantas idea geniales.

G-J

9) ¿Se animan a descubrir, entre estas palabras, cuáles constituyen la regla y cuáles la excepción?

a) género - jengibre - progenitor - ajenjo - engendrar - berenjena - aborigen - gente - ajeno - genuino - enajenar - origen.

La regla es: ....

Excepciones: ....

b) encoger - tejer - corregir - crujir - proteger - elegir - encoger - exigir.

La regla es: ....

Excepciones: ....

c) enérgico - mágico - paradójico - cronológico - alérgico.

La regla es: ....

Excepciones: ....

d) jinete - ginebra - gingival - gineceo - jinetear.

La regla es: ....

Excepciones: ....

e) pasajero - extranjero - flamígero - ligero - consejero - cerrajero.

La regla es: ....

Excepciones: ....

¿Verificamos?

1) (Por orden) pregunta, elegía, región, malevaje, callejones, coraje, mitología, gesta, cordaje, guitarra, trabajosa, milonga, coraje, Gira, oigo, tangos, emerge.
2) Gauchaje, ramaje, paisanaje, andamiaje.
3) Aligero, c; ovejero, e; rigen, f; elija, h; contagio, b; sexagésimo, g; rastrillaje, a; geología, d.
4) Plumaje, sonajero, traumatología, cuadragésimo, callejero, grasitud, geotropismo, congénito, corrigiera, corrijan, presagio, septuagenario, engendro, indujeran, justicia, reloj, quijada, crujido, exagero, objetivo, refrigeración, ejercitar, jerarquía.
5) amable-gentil; inmigrante-extranjero; inocente-ingenuo; enviado-mensajero; legítimo-genuino; asesor-consejero; representación-imagen; momentáneo-pasajero; talento-genio; cavidad-agujero; concordar-congeniar; cobrador-cajero; originar-generar; turista-viajero; amabilidad-gentileza.
6) El grupo gen se escribe con **g**; la terminación -jero se escribe con **j**.
7) La terminación -gio, -gia se escribe con **g**; la terminación -aje se escribe con **j**.

p	e	r	s	o	n	a	j	e	c
s	u	o	s	m	a	g	i	a	o
u	t	l	m	i	r	s	g	c	l
f	b	a	t	w	i	t	o	m	e
r	t	i	p	r	s	q	r	e	g
a	m	c	e	i	a	l	a	n	i
g	r	e	g	i	o	j	i	s	o
i	h	r	a	m	a	j	e	a	j
o	r	t	e	l	a	n	s	j	o
p	r	e	s	a	g	i	o	e	t

9) a- El grupo gen se escribe con g. Excepciones: jengibre, ajenjo, berenjena, ajeno, enajenar.
b- Los verbos terminados en -ger, -gir se escriben con g. Excepciones: tejer, crujir.
c- Las palabras terminadas en -gico, -gica se escriben con g. Excepciones: paradójico.
d- El grupo gin se escribe con g. Excepciones: jinete, jinetear.
e- Las palabras terminadas en -jero se escriben con j. Excepciones: flamígero, ligero.

Uso de la H

SE ESCRIBE CON H

1) Delante del diptongo **ia, ie, io, ue**:

hiato
hiedra
hueco
huidizo

Cuando en una palabra afín, el diptongo **ue** desaparece, también desaparece la h:

hueso - óseo

huevo - oval

hueco - oquedad

2) En los prefijos **hecto-** (cien), **heli-** (espiral), **helio-** (sol), **hema/-o** (sangre), **hemi-** (medio), **hepta-** (siete), **hetero-** (diferente), **hexa-** (seis), **hidro-** (agua), **hiper-** (encima), **hipo-** (por debajo o caballo), **homo-** (igual):

hectolitro
hemiciclo
hidrografía
helipuerto
hemisferio
hematocrito
heliocéntrico
heterodoxo
hipoalergénico
hematólogo
heptasílabo
hematoma
homologar
hipódromo
hipermétrope
hexámetro
hidropesía
homónimo

3) Delante del grupo **-um** seguido de vocal:

humano
humilde
humus
humedad
humorista
humillar

A veces una palabra de origen latino que comienza con h llevaba, en su origen, una f, como humo, que era "fumo". Al evolucionar la lengua del latín al castellano, algunas de esas palabras conservaron la antigua f, y otras, la h posterior.

4) En toda la conjugación de los verbos:

haber	**habitar**
helar	**heredar**
hablar	**hacer**
herir	**hervir**
hallar	**hollar**
honrar	**huir**

5) Al principio de las palabras que en latín llevaban **f**:

hacer → ***de facere***
hijo → ***de filius***
harina → ***de farina***
hembra → ***de femina***
hambre → ***de fames***
hoja → ***de folia***

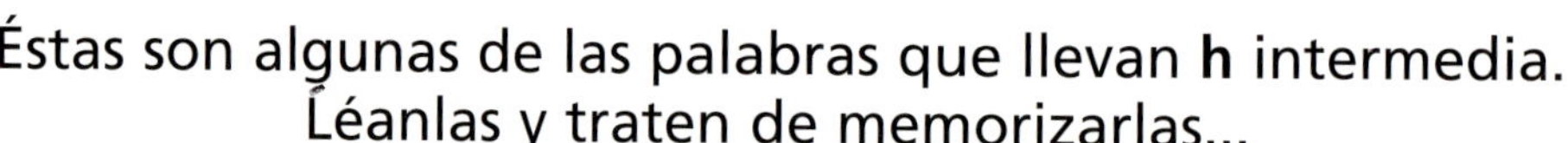

Éstas son algunas de las palabras que llevan **h** intermedia. Léanlas y traten de memorizarlas...

aherrojar	**ahíto**
ahuecar	**ahuyentar**
albahaca	**alcohol**
aldehuela	**almohada**
anhelo	**bohemio**
búho	**desahuciar**
enhiesto	**exhalar**
exhibir	**exhibición**
fehaciente	**inhalar**
inhibir	**inhibición**
prohombre	**vahído**
vaho	**vehículo**
zanahoria	**ahijado**

¡A jugar y ejercitar!

1) En la máquina de transformar palabras, entraron dos grupos. ¿Cuáles habrán salido? (Si quieres una ayuda, búscala en el diccionario.)

hidro
hiper
hemi
hetero
helio
hidr
hipo
hemo
homo

inflación
acústico
sferio
áulico
tensión
plejía
campo
filo
géneo
geno
rragia
tropismo
dromo
logar
terapia

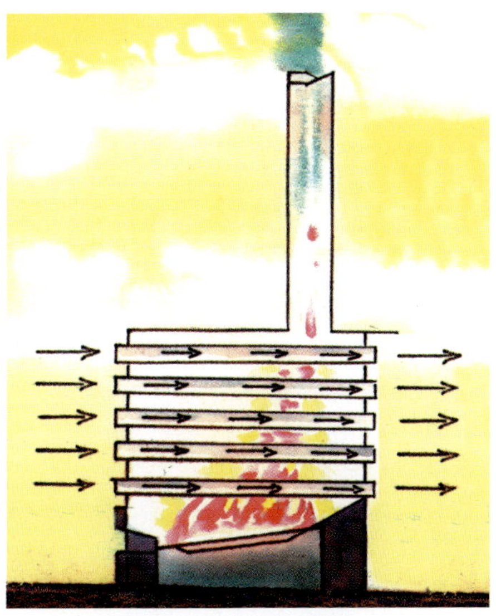

....
....
....
....
....
....
....
....
....
....
....
....

2) En el crucigrama se perdieron algunas letras y las referencias. ¿Se animan a completarlo?

3) Completen las siguientes oraciones:

a- Una figura con 6 ángulos interiores es un ....

b- Una figura con 7 ángulos interiores es un ....

c- La medida de capacidad que contiene 100 litros es el ....

d- Un cuerpo de 6 caras es un ....

4) Completen el cuadro teniendo en cuenta las referencias. Luego, redacten oraciones con cada forma verbal obtenida.

INFINITIVO	REFERENCIAS	FORMA VERBAL
hallar	Pretérito perfecto simple, 3.ª pers. pl.	....
huir	Pretérito perfecto simple, 3.ª pers. pl.	....
hablar	Presente del subjuntivo, 1.ª pers. sg.	....
hacer	Futuro imperfecto del indicativo, 1.ª pers. pl.	....
heredar	Pretérito perfecto simple, 2.ª pers. sg.	....
habitar	Presente del indicativo, 2.ª pers. sg.	....

5) Con las raíces de estos verbos, se pueden formar familias de palabras, algunas más numerosas que otras. ¿Se animan a hacerlas?

hallar ....
huir ....
hablar ....
hacer ....
heredar ....
habitar ....

6) Deben unir las palabras de la columna de la derecha con sus definiciones. (Busquen en el diccionario las palabras que no conozcan.)

1- Polígono de siete caras.
2- Que tiene seis sílabas.
3- Templo con siete columnas en el frente.
4- Que tiene siete sílabas.
5- Medida de capacidad, 100 litros.
6- Sucesión de seis notas musicales.
7- Medida de longitud, 100 metros.

hexástilo
heptasílabo
hexacorde
heptaedro
hectolitro
hectómetro
hexasílabo

6) ¿Pueden completar las siguientes palabras de la familia de *humo*? Recuerden que algunas palabras provenientes del latín llevaban **f** en la raíz.

__umigación
sa__umerio
__umadero
es__umar
__umareda
__umito

1) Hidrógeno, hidrófilo, hidráulico, hiperinflación, hiperacústico, hipertensión, hipocampo, hipotensión, hipódromo, hemisferio, hemiplejía, hemorragia, hemoterapia, heterogéneo, homologar.
2) 1. Hierro. 2. humanidad. 3. humor. 4. hielo. 5. húmero. 6. humareda. 7. húmedo.
3) Hexágono, heptágono, hectolitro, hexaedro.
4) Hallaron, huyeron, hablara, hacíamos, heredaste, habitas.
5) Hallazgo, hallable, inhallable/huida, huidizo, huidor/habladuría, hablador, hablilla/hecho, hechura, hechizo, hechizar, hechicería/herencia, heredero, hereditario, heredad/habitante, habitación, habitable, hábitat, inhabitable.
6) 1- heptaedro; 2- hexasílabo; 3- hexástilo; 4- heptasílabo; 5- hectolitro; 6- hexacorde; 7- hectómetro.
7) Fumigación, sahumerio, fumadero, esfumar, humareda, humito.

Reforzamos nuestra ortografía

Aquí tienes más palabras con **h** para leer y practicar

hoy	hueco	hábil
hospital	ahora	herida
harina	bah	hurra
higuera	hambre	hola
horno	hotel	hoja
hélice	historia	honor
hostil	horror	hacia
huracán	hispano	hoguera
hervir	cohibir	prohibir
higiene	adherir	adhesión
adherente	horizonte	hermoso
hormiga	herencia	

¿Te doy un consejo? Cópialas en tu cuaderno para memorizarlas mejor.

Las que suenan igual... pero SE ESCRIBEN DIFERENTE

a (preposición)
¡ah! (interjección)
ha (del verbo *haber*)

abano (abanico de techo)
habano (de La Habana)

ablando (del verbo *ablandar*)
hablando (del verbo *hablar*)

abría (del verbo *abrir*)
habría (del verbo *haber*)

ala (extremidad anterior de un ave)
hala (del verbo *halar*)
¡hala! (interjección)

alar (alero)
halar (tirar de un cabo)

aré (del verbo *arar*)
haré (del verbo *hacer*)

as (naipe)
has (del verbo *hacer*)
haz (manojo)

ase (del verbo *asar*; del verbo *asir*)
hace (del verbo *hacer*)

Asia (continente)
hacia (preposición)

asía (del verbo *asir*)
hacía (del verbo *hacer*)

asta (barra de bandera)
hasta (preposición)

atajo (del verbo *atajar*; camino corto)
hatajo (porción de ganado)

ato (del verbo *atar*)
hato (porción de ganado)

¡ay! (interjección)
hay (del verbo *haber*)

haya (niñera)
halla (del verbo *hallar*)
haya (del verbo *haber*)
haya (árbol)

desecho (desperdicio)
deshecho (del verbo *deshacer*)

echo (del verbo *echar*)
hecho (del verbo *hacer*; suceso)

enebro (planta)
enhebro (del verbo *enhebrar*)

errar (equivocarse)
herrar (poner herradura)

heces (excremento)
eses (letra s en plural)

hoces (plural de hoz)
oses (del verbo *osar*)

¡hola! (interjección)
ola (onda en el agua)

hoya (terreno hundido)
olla (vasija)

hozar (hocicar)
osar (atreverse)

ice (del verbo *izar*)
hice (del verbo *hacer*)

izo (del verbo *izar*)
hizo (del verbo *hacer*)

ojear (pasar la vista)
hojear (pasar páginas)

orca (animal marino)
horca (instrumento)

uso (costumbre; del verbo *usar*)
huso (instrumento; horario, medida empleada en geografía)

USO DE LA LL

SE ESCRIBEN CON LL

1) Las terminaciones **-llo, -lla** de palabras en general y las terminaciones **-illo, -illa, -cillo, -cilla, -ecillo, -ecilla, -cecillo** y **-cecilla** de los diminutivos:

maravilla	**sencillo**	**calzoncillo**	**anillo**
pasillo	**duendecillo**	**piececillo**	**casilla**

2) Las terminaciones **-ello, ella**:

camello **doncella** **querella** **degüello** **botella**

EXCEPCIONES: Pompeya - leguleyo - plebeyo - onomatopeya - epopeya.

Reforzamos nuestra ortografía

Repasemos estas palabras que podemos llegar a utilizar con más o menos frecuencia.

llanura	callar	sollozar
malla	semilla	orgullo
cabello	villa	millón
billete	hallar	allí
fallecer	taller	cebolla
muelle	sello	desarrollar
valle	llave	zapatilla
llevar	detalle	allá
llovizna	mullido	servilleta
caballo	sollozo	caballero

USO DE LA Y

La **y** tiene sonido de vocal:

- cuando es conjunción copulativa: **Javier y sus amigos.**

- al final de la palabra:

carey **rey** **convoy** **virrey**

Tiene sonido de consonante (ye):

- al principio de palabra:

yapa **yema** **yodo** **yerra** **yuca**

- en medio de palabra:

ayer **huyen** **oyó** **ayunar**

Los verbos terminados en **-uir** se escriben con **y** en:

- las tres personas del singular y la 3.ª del plural del presente del indicativo, en el presente del subjuntivo completo y en la 2.ª, del singular del imperativo:

huyo **huya** **huye**
huyen **huyamos**

- la 3.ª persona del singular y la 3.ª del plural del pretérito perfecto simple, y en el pretérito imperfecto y en el futuro del subjuntivo completos:

retribuyó **retribuyerais/-seis** **retribuyéremos**
retribuyeron **retribuyeran/-sen** **retribuyeren**

El verbo **oír** se escribe con **y** en:

- la 3.ª persona singular y plural del pretérito imperfecto del modo subjuntivo:

él/ella oyó **ellos/ellas oyeron**

- todas las personas del pretérito imperfecto del modo subjuntivo:

yo oyera u oyese
tú oyeras u oyeses
él oyera u oyese
nosotros oyéramos u oyésemos
vosotros oyerais u oyeseis
ellos oyeran u oyesen

• Todas las personas del futuro imperfecto del modo subjuntivo también se escriben con **y**:

yo oyere — **nostros oyéremos**
tú oyeres — **vosotros oyereis**
él oyere — **ellos oyeren**

El verbo **caer** se escribe con **y** en:

• la 3.ª persona singular y plural del pretérito perfecto simple del modo indicativo:

él/ella cayó — **ellos/ellas cayeron**

• todas las personas del pretérito imperfecto del modo subjuntivo:

yo cayera o cayese — **nosotros cayéramos o cayésemos**
tú cayeras o cayeses — **vosotros cayerais o cayeseis**
él cayera o cayese — **ellos cayeran o cayesen**

• todas las personas del futuro imperfecto del modo subjuntivo:

yo cayere — **nosotros cayéremos**
tú cayeres — **vosotros cayereis**
él cayere — **ellos cayeren**

La conjunción **y** se reemplaza por **e** cuando la palabra que sigue comienza con **i** o **hi**.

Silvia **e** Inés — Tijera **e** hilo

No se reemplaza delante de las palabras que comienzan con **hie-** o al comienzo de oraciones interrogativas.

Gaseosa **y** hielo — ¿**Y** Ignacio?

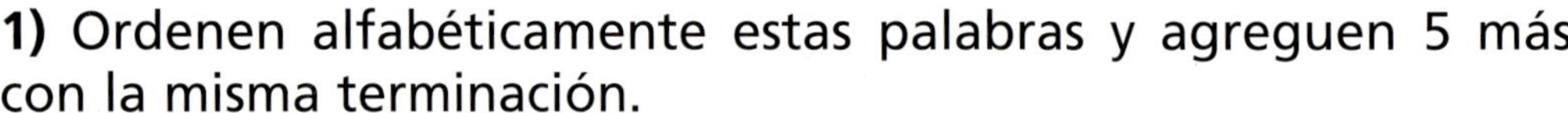

1) Ordenen alfabéticamente estas palabras y agreguen 5 más con la misma terminación.

grillo | **rejilla** | **chilla** | **pastilla** | **pasillo** | **maravilla** | **tobillo**

2) A estas oraciones les faltan algunas palabras. Para orientarlos, les damos referencias de cada una (eso sí, todas mezcladas).

a- Este verano pescamos una .... gigante.

b- Tengo que hacer doce horas de .... porque me van a hacer un análisis.

c- ¡Qué susto! Se .... un poco de .... en el piso de la cocina.

d- Durante las inundaciones se .... alimentos no perecederos a la gente que había sido evacuada.

e- ¿Por qué .... las instrucciones que se les dio?

f- No creo que .... al club mañana.

g- En el Congreso se votó una .... para aumentarles los haberes a los jubilados.

Referencias:

-Verbo **desoír** en 3.ª persona del plural, pretérito perfecto simple.

-Verbo **caer** en 3.ª persona del singular, pretérito perfecto simple del indicativo.

-Material blanco, compacto, que se utiliza en la construcción.

-Pez marino de cuerpo achatado y romboidal.

-Verbo **ir**, 1.ª persona del singular, presente del subjuntivo.

-Norma.

-Abstinencia de comida.

-Verbo **distribuir**, 3.ª persona del plural, pretérito perfecto simple.

3) Se dispersaron las sílabas que formaban palabras. ¿Se animan a componerlas nuevamente? Los números en algunas de ellas indican el número de veces que se repiten.

E   **TE**   **QUE** 2   **GRO**   **DES**   **DE**

SE   **LLO** 2   **ES**   **A**   **GÜE**

TRE 2   **RE**   **PA**   **LLA** 5

¿Verificamos?

1) Chilla, grillo, maravilla, pasillo, pastilla, rejilla, tobillo. Acá van ejemplos de palabras agregadas, intercaladas entre las anteriores: **amarillo, canilla, carilla,** chilla, grillo, **ladrillo,** maravilla, **morcilla,** pasillo, pastilla, rejilla, tobillo.

2) a: raya, b: ayuno, c: cayó y yeso, d: distribuyeron, e: desoyeron, f: vaya, g: ley.

3) Destello, aquella, querella, degüello, estrella, grosella, paella.

¿Con LL,
o
con Y?

Las que suenan igual... pero SE ESCRIBEN DIFERENTE

aboyado (con bueyes)
abollado (del verbo *abollar*)

aboyar (poner boyas)
abollar (hacer abolladuras; hacer bollos)

arroyo (curso de agua)
arrollo (del verbo *arrollar*)

ayes (plural de ¡ay!)
halles (del verbo *hallar*)

boyero (conductor de bueyes)
bollero (el que hace bollos)

cayado (bastón de pastor)
callado (silencioso)

cayo (islote del Caribe)
callo (dureza en la piel)

cayó (del verbo *caer*)
calló (del verbo *callar*)

desmayo (desvanecimiento)
desmallo (del verbo *desmallar*, deshacer mallas)

gayo (alegre, victorioso)
gallo (ave de corral)

haya (del verbo *haber*, árbol)
halla (del verbo *hallar*)

hulla (carbón de piedra)
huya (del verbo *huir*)

maya (antiguo aborigen americano)
malla (tejido de red)

puya (punta de picador)
pulla (burla hiriente)

rayar (hacer rayas)
rallar (pasar por el rallador)

raya (línea estrecha; pez)
ralla (del verbo *rallar*)

rayo (centella)
rallo (del verbo *rallar*)

vaya (del verbo *ir*)
valla (cercado)

yanta (del verbo *yantar*)
llanta (rueda de caucho)

yanto (del verbo *yantar*)
llanto (lagrimeo)

yendo (gerundio del verbo *ir*)
hiendo (del verbo *hendir*)

yerba (planta pequeña)
hierva (del verbo *hervir*)

yerra (del verbo *errar*, equivocarse)
hierra (del verbo *herrar*; poner hierros)

hierro (metal)
yerro (equivocación)

USO DE M Y N

SE ESCRIBE CON M

- antes de **b** y de **p**:

bombo
tambor
timbal
campo
pampeano
rampa
simple
simpático
sombra
cumbre
hombre
importante

¡Atención!

Los prefijos **con-**, **en-**, **in-**, etc.,
cambian la **n** por **m** delante de **b** y de **p**.

Ejemplos:

Prefijo **com** + patriota: **compatriota**
Prefijo **en** + palidecer: **empalidecer**
Prefijo **in** + potente: **impotente**

- al final de las palabras de origen latino:

álbum
ídem
ultimátum
referéndum

SE ESCRIBE CON N

- antes de **f** y de **v**:

anverso
convencer
circunvalación
infidelidad
enfisema
desenfriar

GRUPO MN

Algunas palabras se escriben con el grupo **mn**:

alumno
gimnasia
ómnibus
omnívoro
amnesia
himno
omnisciente
solemnidad
columna
indemnización
omnipresente
somnífero

GRUPO NM

También, hay palabras que se escriben con el grupo **nm**:

conmiseración
inmensidad
inmolar
inmortalidad
inmerecido
conmoción
inmigración
enmendar
inmundicia
inmune

Las palabras que tienen el grupo **nm** no responden a ninguna regla. Conviene practicarlas para no olvidar cómo se escriben.

GRUPO NN

Las palabras que tienen el grupo **nn** tampoco responden a una norma. Por lo general, son palabras formadas por un prefijo terminado en **n** y una palabra base o derivada que comienza con **n**, como en los siguientes ejemplos:

in + nominado = innominado
en + noblecer = ennoblecer

Otros ejemplos de la utilización del grupo **nn**:

ennegrecer
innecesario
perenne
innegable
perennidad
innato
innovar
connotativo

Las incluimos ex profeso

En esta página encontrarás algunas palabras latinas que incluimos ex profeso, es decir, a propósito. Las razones por las que están aquí son dos:

1) La Real Academia Española, que es quien dictamina lo correcto y lo incorrecto de nuestra lengua, las incluyó en su diccionario y estipuló que se pueden escribir sin comillas ni bastardillas. O sea que están aceptadas.
2) En muchas publicaciones de uso corriente, como diarios y revistas, a veces las leemos ¡y no sabemos bien qué significan!

Hay muchas palabras latinas en el diccionario de la Real Academia. Acá sólo están las que terminan con **m**.
Te aconsejamos que las leas varias veces para poder recordarlas.

En latín no se ponían acentos gráficos. Los ponemos aquí para que sepas cómo se pronuncian.

Ad honórem. Por el honor, sin sueldo. Ejemplo: Trabajo *ad honórem* en el Museo.
Ad líbitum. A voluntad. Ejemplo: El actor recitó *ad líbitum*.
Ad referéndum. A condición de que un superior lo apruebe.
Currículum. Antecedentes de una persona.
Delírium trémens. Delirio causado por el alcohol, las drogas o enfermedad.
Desiderátum. Lo que más se desea por su dignidad.
Ídem. Lo mismo.
Ítem. Cada elemento de una serie.
Maremágnum. Gran confusión de personas o cosas.
Máximum. Lo más grande a que se pueda aspirar.
Memorándum. Papel o carpeta tipo ayuda memoria.
Post mórtem. Después de la muerte.
Quórum. Número necesario de asistentes para votar algo.
Réquiem. Misa u oración para el descanso eterno.
Súmmum. Lo máximo.
Vademécum. Librito de consulta.

¡A jugar y ejercitar!

1) Busquen el significado de estas palabras (algunas no son muy comunes pero pueden llegar a utilizarlas). Y, para reforzar su ortografía, completen con ellas las oraciones que siguen; después utilícenlas en sus propias oraciones:

omnipotente **inmunidad** **amnistía** **inmiscuirse**

inmueble **innovador** **inmersión**

a- No creo que trate de .... en nuestros asuntos.

b- En su época, Miguel Ángel fue un .... de la plástica.

c- ¿Cuánto costará ese ....?

d- Con la nueva vacuna se logra una total ....

e- Ninguna persona es ....

f- El tanque de oxígeno servía para media hora de .... en el mar.

g- Se hizo una .... para los deudores de la Municipalidad.

2) Escriban en los espacios en blanco una nueva palabra, utilizando el prefijo que corresponda.

IN o IM	**procedente**	....
	previsible	....
	troducir	....
	tolerante	....
	permeable	....
	vasión	....
	posible	....
	borrable	....
SU o SUB	**plantar**	....
	rrealista	....
	vención	....
	terráneo	....
	fijo	....
	mundo	....
	juntivo	....
	terfugio	....

1) a- inmiscuirse; b- innovador; c- inmueble; d- inmunidad; e- omnipotente; f- inmersión; g- amnistía.
2) Improcedente - imprevisible - introducir - intolerante - impermeable - invasión - imposible - imborrable.
Suplantar - surrealista - subvención - subterráneo - sufijo - submundo - subjuntivo - subterfugio.

USO DE LA R

Esta consonante, cuando es intervocálica, tiene un sonido débil:

ahora **para** **pero**

Para indicar el sonido fuerte, debemos emplear la consonante doble (**rr**):

ahorra **parra** **perro**

Al principio de palabra, tiene sonido fuerte pero se escribe simple (**r**):

razón
raro
regalo
retama
risa
rizar
rodeo
ropero
ruedo
rupestre

Después de **l**, **n** y **s**, pese a tener sonido fuerte, se escribe **r**:

alrededor **honradez** **israelita** **esrilanqués**

Después del prefijo **sub-** también se escribe r, aunque se pronuncia fuerte:

subrayar **subreino**

¡Cuidado!

Las palabras compuestas se escriben con la consonante doble (**rr**).

vice + rectoría → **vicerrectoría**
contra + reforma → **contrarreforma**

Pero, si la primera de estas palabras termina en **l**, **n** o **s**, se escribe con la consonante simple (**r**).

sin + razón → **sinrazón**

USO DE LA X

SE ESCRIBEN CON X

1) Las palabras que empiezan con **exa-**, **exe-**, **exi-**, **exo-** y **exu-**:

examen	**éxodo**	**exención**	**exuberante**	**exilio**
exantema	**exonerar**	**execrar**	**exudar**	**existir**

EXHORTAR, EXHIBIR, EXHUMAR Y SUS DERIVADOS TIENEN H INTERMEDIA.

2) Los prefijos **ex-** (fuera, más allá o "que ha dejado de ser") y **extra-** ("fuera de"):

excéntrico	**extraoficial**
extemporáneo	**extracorpóreo**
extender	**extralimitarse**

3) Las palabras que empiezan con **sex-** o contienen este grupo:

sexo	**sexteto**
sexual	**sexto**
asexuado	**séxtuple**

4) El prefijo **hexa-** (seis):

hexagonal **hexápodo** **hexasílabo**

Palabras que se escriben con **x** final:

bórax	**télex**
fax	**tórax**
ónix	

Palabras que se escriben con el grupo **xc**:

exceder
excéntico
exceso
excelente
excepción
excipiente
excesivo
exceptuar
excitar

Palabras que se escriben con el grupo **xt**:

extántrico
exterminar
extorsión
exteriorización
pretexto
extenuación
extinción
contexto
extirpar
sextante

Palabras que se escriben con el grupo **xh**:

exhalación
exhibición
exhortar
exhumar
exhalar
exhibir
exhortativo

Se escriben con **x** las palabras terminadas en **-xión** cuando en la misma familia hay un sustantivo o adjetivo terminado en **-je**, **-jo**, **-xo**.

crucifijo → **crucifixión**
fleje → **flexión**

Otros ejemplos:

anexión
inflexión
conexión
complexión
reflexión
genuflexión

Reforzamos nuestra ortografía

Esta lista de palabras es para que las aprendas y practiques con ellas.

examen	extraño	explosión	explanada
extenso	extensión	expiar	exportar
excursión	extremo	expropiar	éxito
texto	aproximado	expulsar	éxtasis
léxico	óxido	exponer	expuesto
expediente	expedición	expeler	expandir

¡A jugar y ejercitar!

1) Para repasar un poco, escriban las palabras que se forman al unir los elementos indicados:

sub + regente: ....

vi + rey: ....

des + ramar: ....

peti + rojo: ....

infra + rojo: ....

contra + restar: ....

en + roscar: ....

vice + rector: ....

2) En esta **sopa de letras** hay 8 palabras que siguen algunas de las reglas del uso de la x estudiadas. Una vez que las descubran, reescriban las oraciones reemplazando con ellas las palabras que están **destacadas en color** y que son **sinónimos**.

a- Realizaron un trabajo **completo** para Ciencias.
b- El libro está **libre** de impuestos.
c- De ningún modo **agrando** lo que te estoy contando.
d- Es necesario que se **analice** el agua para ver si está contaminada.
e- El dibujo diseñado por computadora es **preciso**.
f- Obtuvieron varios **triunfos** con ese entrenador.
g- La noticia lo **exaltó**.
h- El producto tóxico se **esparció** por todo el barrio.

e	x	e	n	t	o	l	s	d	u
f	x	r	e	x	a	m	i	n	e
a	a	h	x	n	o	o	h	b	u
d	s	i	a	r	x	l	z	i	e
o	j	p	c	u	q	e	c	i	x
é	x	i	t	o	s	x	n	m	a
v	h	z	o	l	ó	t	e	r	g
x	d	i	e	t	n	e	i	r	e
x	u	p	i	k	u	n	l	v	r
g	i	c	e	x	r	d	f	j	o
i	x	m	n	ñ	u	i	y	s	d
e	p	x	f	d	d	ó	s	u	z

3) ¿Dónde ubicamos estas terminaciones? **-cción**, **-ción**, **-sión**, **-xión**

previ ....

fle ....

interna ....

atra ....

transgre ....

comple ....

convul ....

corre ....

4) ¡Más repaso! Completen el cuadro con palabras que lleven **r** y que sigan las siguientes indicaciones:

	2 sílabas	3 sílabas	4 sílabas
con sonido débil			
con sonido fuerte a comienzo de palabra			
con sonido fuerte después de consonante			
con sonido fuerte entre vocales			

¿Verificamos?

1) Subregente, virrey, desramar, petirrojo, infrarrojo, contrarrestar, enroscar, vicerrector.
2) a) exhaustivo; b) exento; c) exagero d) examine; e) exacto; f) éxitos; g) excitó; h) extendió.
3) Previsión, flexión, internación, atracción, transgresión, complexión, convulsión, corrección.
4) Cara - cámara - camarote. Rimel - ricota - recurrente. Enrique - enriquecer. Carro - corrida - carretilla

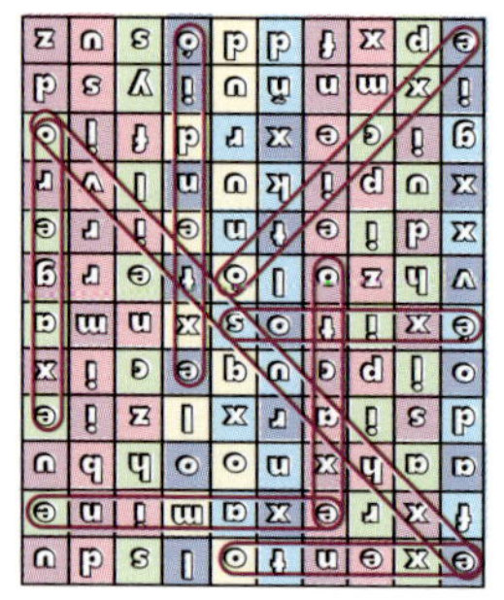

Las que suenan igual... pero SE ESCRIBEN DIFERENTE

exotérico (común, accesible; externo)
esotérico (oculto, secreto)

expía (del verbo *expiar*)
espía (persona que espía o acecha)

expiar (sufrir un castigo)
espiar (observar con disimulo, fisgonear)

expirar (morir)
espirar (expeler el aire aspirado)

extirpe (del verbo *extirpar*)
estirpe (linaje; tronco de una familia)

laxar (aflojar la tensión de algo)
lazar (sujetar con lazo)

laxitud (calidad de laxo)
lasitud (falta de vigor; cansancio)

laxo (flojo, sin tensión)
laso (cansado, macilento)
lazo (atadura o nudo)

EL PUNTO

AL FINAL DE LAS ORACIONES

a) El **punto y seguido** separa frases afines en un mismo párrafo.

El tiempo transcurría insensiblemente. Manuel hablaba de vez en cuando, como por ráfagas de pasión contenida, y yo le hacía preguntas acerca del pueblo, su vida, sus proyectos de trabajo.

(Juan Goytisolo, *Para vivir aquí.*)

Se trata de oraciones estrechamente relacionadas.

b) El **punto y aparte** se emplea para poner fin a un párrafo.

Platero ha vuelto a rebuznar.
La roca ha vuelto a rebuznar.

(Juan Ramón Jimenez, *Platero y yo*.)

La relación entre las oraciones no es tan íntima.

c) El **punto final** da por terminado lo escrito.

Mas naide se crea ofendido
pues a ninguno incomodo
y si canto de este modo
por encontrarlo oportuno
no es para mal de ninguno
sino para bien de todos.

(José Hernández, *Martín Fierro*.)

EN LAS ABREVIATURAS

Utilizamos el punto para indicar que se trata de una palabra abreviada.

EXCMO. **Srta.** **afmo.** **S. S. S.**

LA COMA

SEPARA ELEMENTOS ANÁLOGOS DE UNA SERIE

Los elementos de una enumeración que no lleva conjunciones se separan con una coma, y éstos pueden ser:

a) Vocablos:

Por sus ojos pasaban caballos, carros, hombres, niños...

(Miguel Ángel Asturias, *Leyendas de Guatemala.*)

b) Construcciones:

Sus dueños <u>son viejos</u>, <u>tienen güegüecho</u>, <u>han visto espantos</u>, <u>andarines y aparecidos</u>, <u>cuentan milagros</u> y cierran la puerta...

(ídem)

c) Proposiciones:

Procurad también que, leyendo vuestra historia, <u>el melancólico se mueva a risa</u>, <u>el risueño la acreciente</u>, <u>el simple no se enfade</u>, <u>el discreto se admire de la invención</u>, <u>el grave no la desprecie</u>, ni el prudente deje de alabarla.

UNA PROPOSICIÓN ES SIMILAR A UNA ORACIÓN, PERO NO TIENE AUTONOMÍA.

ENCIERRA VOCATIVOS

El vocativo es la persona o cosa a quien hablamos y va siempre entre comas.

Échate a un lado, <u>Platero</u>, y deja pasar a los niños de la escuela.

(Juan Ramón Jiménez, *Platero y yo.*)

Reina: —¿Cómo estás, <u>Ofelia</u>?
Ofelia: —<u>Mi dulce amor</u>, dime, ¿cómo te podré reconocer?

(William Shakespeare, *Hamlet.*)

ENCIERRA APOSICIÓN

Los ríos navegables, los hijos de las lluvias, los del comercio carnal con el mar, andaban en la superficie de la tierra y dentro de la tierra en lucha con las montañas, los volcanes...

(Miguel Ángel Asturias, *Leyendas de Guatemala*.)

El pueblo, manchón oscuro en la claridad del campo, descansaba en paz nocturnal.

(Carlos Villafuerte, *La jaula vacía.*)

MARCA HIPÉRBATON

Si antes del sujeto se escribe un modificador verbal, debe ponerse una coma.

En el silencio de sueño, interrumpido a veces, por el vuelo de un picaflor que entraba como una flecha y partía raudo dejando en arco iris en el patio, el zorzal ensayaba su canto.

(Carlos Villafuente, *La jaula vacía*.)

HIPÉRBATON: INVERSIÓN DEL ORDEN REGULAR DE LA ORACIÓN.

ENCIERRA ELEMENTOS INCIDENTALES O EXPLICATIVOS

Las hijas de los señores paseaban al cuidado de los sacerdotes, en piraguas alumbradas como mazorcas, de maíz blanco, y las familias de calidad...

(Miguel Ángel Asturias, *Leyendas de Guatemala.*)

MARCA ELIPSIS

Cuando utilizamos la coma, evitamos repetir palabras.

Cada comarca en la tierra
tiene un rasgo prominente:
el Brasil, su sol ardiente;
minas de plata, el Perú;
Montevideo, su cerro...

(Luis L. Domínguez).

Elipsis: figura por la cual se deja algún término sobreentendido; en este caso, el verbo (tiene).

EL PUNTO Y COMA

SEPARA PROPOSICIONES

El punto y coma señala una pausa mayor que la coma, pero menor que el punto. Cuando se trata de proposiciones breves, se utiliza cuando se quiere destacar una separación.

Las niñas comían como mujeres; los niños discutían como hombres.

(Juan Ramón Jiménez, *Platero y yo*.)

También se utiliza cuando los elementos que quieren separarse son extensos o ya contienen alguna coma.

Lentamente el sol comienza a dorar la cumbre de los montes; brilla el rocío sobre la hierba; revolotean en torno de los árboles, con tímido aleteo, los pájaros nuevos que abandonan el nido por vez primera; ríen los arroyos...

PRECEDE LAS CONJUNCIONES ADVERSATIVAS

Se escribe punto y coma entre enunciados adversativos, antes de las conjunciones (pero, mas, aunque, sin embargo), especialmente si son largos o ya tienen comas.

En otros tiempos el sueño era también una posibilidad de salvación ante los días en blanco; pero ahora los años me lo impiden.

(Daniel Moyano, *El monstruo y otros cuentos*.)

Hallé sin duda largas las noches de mis penas; mas no me prometiste tú solo noches buenas; y en cambio tuve algunas santamente serenas...

(Amado Nervo)

¡Atención!

Si los enlazados por las conjunciones adversativas son cortos, se utiliza la coma.

Ejemplo:
Esa flor vivirá poco, Platero, pero su recuerdo ha de ser eterno.
(Juan Ramón Jiménez, *Platero y yo*.)

LOS DOS PUNTOS

SEÑALAN UNA EXPECTATIVA

Los dos puntos indican que no se ha enunciado el pensamiento completo y que existe cierta expectativa por su conclusión.

Para la inmensa mayoría sólo hubo una víctima: Boyardo San Román.

(Gabriel García Márquez, *Crónica de una muerte anunciada.*)

... iban al combate por el deseo de ser maltratados por lo único fuerte que había alrededor de la ciudad: los pumas, los jaguares, las dantas, los coyotes.

(Miguel Ángel Asturias, *Leyendas de Guatemala.*)

SE COLOCAN DELANTE DE CITAS TEXTUALES

Cuando las citas textuales van precedidas de una breve explicación, se utilizan los dos puntos.

Dijo Cicerón: "No hay cosa que tanto degrade al hombre como la envidia."

A alguien que no resisitió la tentación de preguntárselo, un poco antes de la boda, le contestó: "Andaba de pueblo en pueblo buscando con quien casarme."

(Gabriel García Márquez, *Crónica de una muerte anunciada.*)

EN LAS CARTAS, DESPUÉS DEL ENCABEZAMIENTO

Muy señor mío: **Estimado señor:** **Querida amiga:**

EN DECRETOS, SENTENCIAS, EDICTOS, CERTIFICADOS, ETC.

Decreta: **Ordena:** **Certifica:**

CUANDO SE ANUNCIAN EJEMPLOS

A saber: **Por ejemplo:** **Verbigracia:**

LOS PUNTOS SUSPENSIVOS

SUGIEREN ESTADOS DE ÁNIMO

a) Duda:

Al recibidor de maderas de míster Daugald, Lorenzo Cubillo, lo habían conocido en Puerto Esperanza, un viernes santo... ¿Viernes? Sí, o jueves...

(Horacio Quiroga)

b) Temor o suspenso:

Cargué con ella y cuando bajé los ojos para buscar otra pequeña con qué saciar la sed sobre el terreno... Un grito, uno solo, intenso, terrible, como el Telémaco que petrificó al ejército de Adrasto, rasgó mis oídos.

(Miguel Cané, *Juvenilia.*)

c) Ansiedad o emoción:

—Pasan sobre el suelo... Rozan las orejas... Y las hojas sueltas se mueven con el aliento... Y siento la humedad del barro en...

(Horacio Quiroga, *Juan Darién.*)

MARCAN INTERRUPCIÓN DEL DISCURSO

En las enumeraciones, los puntos suspensivos indican que hay más elementos, pero se omiten.

La revolución de Mayo tuvo sus poetas: fray Cayetano Rodríguez, Esteban de Luca, Juan Crisóstomo Lafinur...

TAMBIÉN PUEDEN INDICAR LA OMISIÓN DE PALABRAS QUE SE SOBREENTIENDEN, O DE PÁRRAFOS O DE VERSOS. EJEMPLOS: QUIEN MAL ANDA... EN CASA DE HERRERO...

SIGNOS DE ENTONACIÓN

LOS DE INTERROGACIÓN (¿?)

Encierran una pregunta (oración interrogativa) y se colocan al principio y al final de la oración.

¿Es este cielo azul de porcelana?
¿Es una copa de oro el espinillo?
¿O es que en mi nueva condición de grillo
veo todo a lo grillo esta mañana?

(Conrado Nalé Roxlo, *El grillo.*)

¿Cuántos días, cuántos crueles, torturadores días hace que viajan así, sacudidos, zangoloteados, golpeados sin piedad contra la caja de la galera, aprisionados en los asientos duros? Catalina ha perdido la cuenta.

(Manuel Mujica Láinez, *Misteriosa Buenos Aires.*)

Si la pregunta o la exclamación corresponden sólo a una parte de la oración, los signos comienzan en esa parte, y se sigue con minúscula.

LOS DE EXCLAMACIÓN (¡!)

Indican tono exclamativo (asombro, sorpresa, admiración, énfasis, etc.) y se colocan al principio y al final de la oración.

¡Qué bien suena la flauta de la rana!

..

¡Qué sencillo
es a quien tiene corazón de grillo
interpretar la vida esta mañana!

(Conrado Nalé Roxlo, *El grillo.*)

—¡No son medias! —gritaron las víboras—. ¡Sabemos lo que es! ¡Nos han enseñado! ¡Los flamencos han matado a nuestras hermanas y se han puesto sus cueros como medias! ¡Las medias que tienen son de víboras de coral!

(Horacio Quiroga, *Las medias de los flamencos.*)

¡A jugar y ejercitar!

1) Inventen abreviaturas para estas palabras:

pintoresco ....
practiquísimo ....
complicación ....
computación ....
primavera ....
felizmente ....
subrayar ....
deformación ....

2) Si colocan los puntos y las mayúsculas donde corresponde, comprobarán esta situación: *Carla y Carlos no gustan de Miguel.*

Carla no le tenía simpatía a Carlos le pasaba lo mismo con Miguel.

3) Según dónde coloquen los puntos, obtendrán dos textos en los que Marisa y su amiga estarán en el mismo lugar.

Marisa se dio vuelta su amiga la estaba llamando desde la esquina podría verla.

4) Inventen vocativos para este diálogo y vuelvan a escribirlo.

5) Coloquen las comas que corresponden a los vocativos.

—Lucas espérame que salimos juntos.
—Está bien Tito pero no tardes.
—Claro que no Lucas.

6) ¿Qué aposición corresponderá a cada oración? ¿Se animan a reescribir las oraciones intercalando las que corresponden?

un bicho verdusco pero simpático - su compañero inseparable - el más alto de la clase

a- El cachorro se había lastimado una pata. ....

b- Pedro les tenía miedo a las cucarachas. ....

c- El lagarto comía de su mano. ....

7) ¿De cuántas formas pueden escribir esta oración cambiando el orden de sus elementos y colocando, por supuesto, comas?

La luna brilló con singular blancura durante esa noche cálida.

8) Amplíen estas oraciones agregando elementos análogos a los destacados en color:

A la abuela le gustaba contarnos cuentos.

Desde la ventana podíamos ver la playa.

Mi compañera era delgada.

9) Coloquen las comas que corresponden a las enumeraciones.

a- **Sobre la playa desierta se veían algas restos de alguna embarcación algunas piedras y conchillas.**

b- **Las olas se encrespaban se levantaban rugían y se dejaban caer con furia.**

c- **Regina era amable conversadora y muy bonita.**

10) Vuelvan a escribir estos párrafos, reemplazando la coma por punto y coma donde corresponde:

Francisco había decidido pasar la tarde acomodando sus papeles, con su música preferida de fondo, sin embargo, la tranquilidad no duró mucho tiempo.

El gato se desperezó sobre el sillón, se lamió una pata y se la pasó por la cara para limpiarse, al rato, estaba dormido nuevamente.

11) Transcriban este texto colocando signos de interrogación y exclamación para darle más expresividad al relato.

—Ah, eras tú. ....

—Y quién pensabas que era. ....

—Alguien... qué te importa. ....

—Me parece que me estás ocultando algo. ....

—Yo ocultarte algo. ....

—Sí, tú, tú. ....

¿Verificamos?

1) Ejemplos: psco.; pract.; comp.; pvera.; fmnte.; sbyar.; dfción.
2) Carla no le tenía simpatía. A Carlos le pasaba lo mismo con Miguel.
3) Marisa se dio vuelta. Su amiga la estaba llamando. Desde la esquina podía verla.
Marisa se dio vuelta. Su amiga la estaba llamando desde la esquina. Podía verla.
4) Ej.: Hace rato que no te veía por acá, Prudencia. Es cierto, Joaquín.
5) —Lucas, espérame que salimos juntos.
—Está bien, Tito, pero no tardes.
—Claro que no, Lucas.
6) El cachorro, su compañero inseparable, se había lastimado una pata. / Pedro, el más alto de la clase, le tenía miedo a las cucarachas. / El lagarto, un bicho verdusco pero simpático, comía de su mano.
7) Ejemplos: La luna, durante esa noche cálida, brilló con singular blancura. Durante esa noche cálida, la luna brilló con singular blancura. / Durante esa noche cálida, con singular blancura, brilló la luna. / Durante esa noche cálida, la luna, con singular belleza, brilló.
8) Ejemplos: A la abuela le gustaba contarnos cuentos, hacernos dulces con frutas de estación, sentarse con nosotros cuando hacíamos las tareas escolares. / Desde la ventana podíamos ver la playa, el viejo muelle de pescadores, lo que quedaba del barco hundido, el mar que cambiaba de color con las horas del día. / Mi compañera era delgada, pequeña, ágil y muy solidaria.
9) a- Sobre la playa desierta se veían algas, restos de alguna embarcación, algunas piedras y conchillas.
b- Las olas se encrespaban, se levantaban, rugían y se dejaban caer con furia.
c) Regina era amable, conversadora y muy bonita.
10) Francisco había decidido pasar la tarde acomodando sus papeles, con su música preferida de fondo; sin embargo, la tranquilidad no duró mucho tiempo. / El gato se desperezó sobre el sillón, se lamió una pata y se la pasó por la cara para limpiarse; al rato, estaba dormido nuevamente.
11) —¡Ah!, eras tú.
—¿Y quién pensabas que era?
—Alguien... ¿qué te importa?
—¡Me parece que me estás ocultando algo!
—¿Yo ocultarte algo?
—¡Sí!, ¡tú, tú!

LOS SIGNOS AUXILIARES

PARÉNTESIS: ()

Se emplean paréntesis para intercalar aclaraciones, fechas, lugares, nombres de obras o capítulos de las mismas.

Escasamente hablaban entre ellos (salvo cuando se consultaban para poder brindar un servicio mejor) y sus miradas tenían rasgos fugaces de una ira velada y contenida.

(Daniel Moyano, *El monstruo y otros cuentos*.)

En teatro se emplean para señalar las acotaciones.

NABORÍ (dando órdenes a sus hombres) —Un flechero en cada puerta... (Tres indios corren a cubrir las puertas.) Nadie entra ni sale...
FLECHERO ROJO (frente a la puerta del fondo. Levanta el arco, listo a disparar su flecha roja, gira y dice) —Yo, tigre, nadie entre ni sale.

COMILLAS: “”

Se emplean comillas para enmarcar citas textuales o para mencionar palabras de otro.

Fernando de los Ríos ha dicho que Martí es "la personalidad más conmovedora, patética y profunda que ha producido hasta ahora el alma hispana en América".

Esta nueva edición del DRAE quedó cerrada en 1990 y los dos años transcurridos desde entonces se han empleado en las minuciosas tareas de corrección que requiere un texto, que "suele tener pocas erratas", subrayó el secretario de la Academia.

(*La Nación*, 27 de enero de 1992.)

RAYA: —

Se emplea la raya de diálogo al inicio de una frase dicha por un personaje, sin cerrarla si ha terminado de hablar, y cerrándola con otra raya si el autor agrega algún comentario.

—Increíble... Nunca imaginé que se pudiera cambiar tanto en tan poco tiempo.
—Tú, en cambio, sigues siendo la misma —le dije—. Más morena, si cabe, y más guapa.

(Mercedes Salisachs)

Se emplea la raya para reemplazar al paréntesis cuando se encierran aclaraciones que interrumpen el relato.

Me senté en mi puesto junto a mi hermano, en la banca que él mismo había construido —y yo le había ayudado— cuando estaba armando las piezas del "rincón del desayuno" para mi madre.

(Nadine Gordimer, *La historia de mi hijo*.)

Se emplea para separar palabras al final del renglón.

**Nadie podía entender tantas coincidencia funestas. El juez instuctor que vi-
no de Rioacha debió sentirlas sin atreverse a admitirlas, pues su interés de darles una explicación racional era evidente en el sumario.**

(Gabriel García Márquez, *Crónica de una muerte anunciada.*)

DIÉRESIS O CREMA: ¨

Se emplea el signo de diéresis o crema para indicar que la **u** tiene sonido, después de la **g** y antes de las vocales **e**, **i**.

cigüeña **yegüita** **Agüero** **pingüino**

En poesía, prolonga el verso en una sílaba al liberar una vocal de un diptongo:

Largas brumas vïoletas (vi - o - le - tas)
flotan sobre el río gris
y allá en las dársenas quietas
sueñan oscuras goletas
con un lejano país.

(Leopoldo Lugones)

ASTERISCO: *

Se emplea para remitir a una nota o explicación que figura al pie de página. Tomamos como ejemplo esta respuesta de un personaje de Valle Inclán, donde la comentarista explica una palabra:

PICA LAGARTOS —Tenemos que hablar. Aquí el difunto ha dejado una pella* que pasa de tres mil reales...

***pella: cuenta, suma de dinero.**

(Ramón del Valle-Inclán, *Luces de bohemia*, Ed. Kapelusz, 1987.)

¡A jugar y ejercitar!

1) Agreguen acotaciones a los parlamentos de estos personajes:

Diana —¿Quién se comió lo que quedaba de la torta?
Fede —Yo probé un poquito...
Diana —¿Qué quiere decir "un poquito"?
Fede —Que lo que había en el plato era muy poco...

2) Reemplacen las comas por paréntesis donde corresponda:

Mario Florián nació en 1917, Perú. Sus libros de poemas, *Brevedad de lágrimas, Voz para tu nieve, El juglar andinista*, etc., tienen como protagonistas al hombre y el paisaje de la sierra peruana.

3) Vuelvan a escribir estos textos con los comienzos que agregamos abajo:

a- **Entre los mamíferos marsurpiales se destacan las distintas familias de canguros, como el gris gigante, el colorado, el wallab, y el más pequeño, conocido con el nombre de liebre rayada.**

b- **¡Creo que estamos haciendo lo mejor!**

a- **Jorge Quargnolo, en *Los animales y su mundo*, afirma que...**

b- **Dina se dio vuelta y nos dijo sonriendo...**

4) Coloquen las comillas que faltan en los siguientes textos:

a) Don José Soriano dijo a los presentes: Este problema debemos solucionarlo entre todos.
b) La revista *Caras y caretas* combinaba el humor con la política.
c) No debe decirse enriedo, sino enredo.
d) *Bestiario* es uno de los libros de cuentos de Julio Cortázar.
e) La palabra verbo proviene del latín *verbum*.

5) En este diálogo se perdieron las rayas que señalan quién habla en cada caso. ¿Pueden volver a escribirlo? Para que no se equivoquen les damos algunas indicaciones: Marcia pide 3 entradas para el teatro; el señor que las vende le pregunta dónde las quiere; Marcia pide en el centro de la sala; el señor le aclara que allí no hay y que sólo quedan algunas localidades atrás. Marcia da una explicación y se retira.

¿Me da tres entradas para la función de esta noche? ¿Por dónde prefiere? Me gustaría por el medio. Lamentablemente sólo quedan las de las últimas filas. Entonces prefiero venir otro día. Perdí mis anteojos hace poco y no voy a ver nada de atrás.

6) ¿Qué palabras llevan diéresis? (Ayuda: pueden utilizar el diccionario si no conocen la palabra.)

higuera - bargueño - linguística - vaguedad - alagueño
Arguello - sinverguenza - reguero - jaguel o jaguey.

7) ¿Cúal es la palabra de este texto que lleva **asterisco**?

El cíclope se había enfurecido con el lanzazo arrojado sobre su cuerpo.

* Gigante de la mitología griega que tenía un solo ojo en el medio de la frente.

¿Verificamos?

1) Diana (con indignación) —¿Quién se comió lo que quedaba de la torta?
Fede (tímidamente) —Yo probé un poquito.
Diana (acercándose) —¿Qué quiere decir "un poquito"?
Fede (con risa) —Que lo que había en el plato era muy poco...
2) Mario Florián nació en 1917, Perú. Sus libros de poemas (*Brevedad de lágrimas, Voz para tu nieve, El juglar andinista*, etc.) tienen como protagonistas al hombre y al paisaje de la sierra peruana.
3) a- Jorge Quargnolo, en *Los animales y su mundo*, afirma que "entre los mamíferos marsurpiales se destacan las distintas familias de canguros, como el gris gigante, el colorado, el wallab, y el más pequeño, conocido con el nombre de liebre rayada. b- Diana se dio vuelta y nos dijo sonriendo: "¡Creo que estamos haciendo lo mejor!"
4)a) Don José Soriano dijo a los presentes: "Este problema debemos solucionarlo entre todos". - b) La revista "*Caras y caretas*" combinaba el humor con la política. - c) No debe decirse "enriedo", sino "enredo". - d) "*Bestiario*" es uno de los libros de cuentos de Julio Cortázar. - e) La palabra "verbo" proviene del latín "*verbum*".
5) Marcia —¿Me da tres entradas para la función de esta noche?
Señor —¿Por dónde prefiere?
Marcia —Me gustaría por el medio.
Señor —Lamentablemente quedan las de las últimas filas.
Marcia —Entonces prefiero venir otro día. Perdí mis anteojos hace poco y no voy a ver nada de atrás.
6) Lingüística, alagüeño, Argüello, sinvergüenza, jagüel o jagüey.
7) Cíclope*.

LAS MAYÚSCULAS

Las mayúsculas son letras de mayor tamaño y distinta forma, que se utilizan por razones estéticas, convencionales o expresivas.
Actualmente se ha simplificado el uso de este tipo de letras. Pero, de cualquier manera, la ortografía establece reglas que nos permiten saber cuándo debemos usarlas.

SE ESCRIBE CON MAYÚSCULA

1) La primera letra de un nombre propio:

Javier
Caracas
Bouchard
Lisboa
Montserrat
Pinamar
San Telmo
San Juan
Palermo
México

2) La primera palabra de un escrito y la que va después de un punto:

Comienzo con una frase que ya he usado infinitas veces en mi vida y que todos ustedes conocen. En el *Fedro* de Platón, el dios Teuth (que es luego Hermes, que es Mercurio, el dios de la cultura y el dios de los ladrones y, entre otras cosas, de los comerciantes) le presenta al faraón Thamus su novísima invención tecnológica: la escritura. El faraón le hace la famosa objeción: "Uno de los grandes bienes del hombre, tal vez el resorte instintivo de su interioridad, es la memoria, porque la palabra será petrificada, confiada a un trazo en el papiro. Por lo tanto, tu invención es negativa y la rechazo."

(Umberto Eco, "La neurosis de las fotocopias", *Página 12*, 16 de junio de 1991.)

3) Los títulos de dignidad, las jerarquías y los cargos:

Isabel la Católica
Su Majestad
Pedro el Grande
Su Excelencia
Su Eminencia
El Papa

4) Los números romanos:

Luis XIV
Fernando VII
Nicolás I
Napoleón III
Pedro II
XVIII Exposición Feria Internacional del Libro

Una oración comienza con mayúscula y termina con punto. Cuando usamos los signos de entonación, el signo de cierre se considera también punto. Sin estos signos, sería imposible saber cuándo comienza o termina una oración en el texto.

5) Los sustantivos y adjetivos que constituyen el título de una obra o de una institución:

Centro Municipal de Exposiciones
Honorable Cámara de Diputados de la Nación
La Flauta Mágica

6) Los nombres comunes referidos a personas, animales, cosas y conceptos cuando están personificados y tienen sentido de nombre propio. También los apodos y los nombres propios de seres imaginarios.

¡Oh, vos, Piojito, si vivierais! Barrilito, Velita, Chuña, Guacho y Capotito, os saludo aún desde el destierro, en el momento de hacer justicia al ínclito valor de que hicisteis prueba!

(Domingo Faustino Sarmiento, *Recuerdos de Provincia*.)

Reforzamos nuestra ortografía

En algunos nombres de lugares, las palabras que indican accidentes geográficos o divisiones políticas forman parte de un nombre propio, en otros no. Veamos algunos ejemplos:

Forman parte del nombre	No forman parte del nombre
Río de la Plata	río Amazonas
Bahía de los Cochinos	bahía de Acapulco
Mar Negro	mar Mediterráneo
República de Sudán	república del Paraguay
Estado de México	estado de Oaxaca

Los artículos van con mayúsculas cuando forman parte del nombre:

El Escorial, El Cairo, La Haya, La Plata, La Rioja

Pero no:

la Argentina, el Brasil, los Pirineos, el Asia, la China.

¡A jugar y ejercitar!

Te proponemos que reemplaces las construcciones, pronombres y sustantivos en color de este texto, por **nombres propios**, o que se los agregues si no quieres suprimirlos:

Esa tarde, él tuvo un pequeño accidente mientras estaba leyendo la novela. Por la ventana abierta entró un insecto horrible que se le metió en el ojo. Se lo sacó rápidamente pero le quedó una molestia. No le quedó otro remedio que ir hasta la clínica. Allí lo atendió el doctor, que lo examinó con unos aparatos extraños, le sacó algo y le tapó el ojo con una venda. Mientras se dejaba hacer todo, entregado a su destino, con el ojo sano podía distinguir a la enfermera, que era muy suave y bonita. Cuando el doctor terminó su tarea, salió y él se quedó solo con la señorita. Charlaron un rato y se animó a pedirle el número de teléfono. Esa semana la llamó varias veces y la invitó a salir. El sábado fueron al cine a ver una película. Él no necesitaba los dos ojos para estar con ella.

Esa tarde, **Javier** tuvo un pequeño accidente mientras estaba leyendo la novela ***El insecto devorador***. Por la ventana abierta entró un insecto horrible que se le metió en el ojo. Se lo sacó rápidamente pero le quedó una molestia. No tuvo otro remedio que ir a la **clínica Buena Mirada**. Allí lo atendió el **Dr. Oscar Chicatex,** que lo examinó con unos aparatos extraños, le sacó algo y le tapó el ojo con una venda. Mientras se dejaba hacer todo, entregado a su destino, con el ojo sano podía distinguir a la enfermera, **Florencia Dulce,** que era muy suave y bonita. Cuando **Chicatex** terminó su tarea, salió y **Javier** se quedó solo con la enfermera **Dulce**. Charlaron un rato y se animó a pedirle el número de teléfono. Esa semana la llamó varias veces y la invitó a salir. El sábado fueron al cine **Visual** a ver ***Visión que atrapa***. **Javier** no necesitaba los dos ojos para estar con **Florencia**.

PLURALIZACIÓN DE LAS PALABRAS

Cuando pluralizamos las palabras (sustantivos y adjetivos), encontramos dos sufijos flexionales: **-s** y **-es**.

¿CÓMO SABEMOS CUÁL USAR EN CADA CASO?

- Las palabras **graves** o **esdrújulas terminadas en vocal** agregan **s**:

amable	**amable-s**
rama	**rama-s**
cáñamo	**cáñamo-s**
hombre	**hombre-s**
diccionario	**diccionario-s**

- Los sustantivos que terminan en **í** llevan **-s** o **-es**:

maní	**maní-s**	**maní-es**
rubí	**rubí-s**	**rubí-es**

- Los sustantivos que terminan en **-ú** agregan es:

menú	**menú-es**
tabú	**tabú-es**

- Los sustantivos que no son agudos y terminan en **s** y **x** no llevan sufijo para formar el plural:

la dosis	**las dosis**
el tórax	**los tórax**
el bíceps	**los bíceps**

• Las palabras que terminan en **y, l, r, d** agregan **-es**:

pejerrey	**pejerrey-es**
mortal	**mortal-es**
telar	**telares-es**
habilidad	**habilidad-es**

• Los sustantivos que terminan en **á, é, ó** (vocales tónicas) llevan **-s**:

café	**café-s**
dominó	**dominó-s**
papá	**papá-s**

aes, es, íes, oes, úes → las vocales se pluralizan agregando -es

bes, des, ches → el plural de las consonantes se forma con el morfema s

Reforzamos nuestra ortografía

Las palabras compuestas no siguen reglas para formar sus plurales, lo hacen de distintas maneras:

Casa-quinta/casas-quintas
Coche-cama/coches-camas
Decreto-ley/decretos-leyes
Guardia-civil/guardias-civiles
Hombre-rana/hombres-ranas
Sofá-cama/sofás-camas
→ **Plural en los dos componentes**

Guardarropa/guardarropas
Pasodoble/pasodobles
→ **Plural en el último componente**

Cualquiera/cualesquiera → **Plural en el primer componente**

El paraguas/los paraguas
El abrelatas/los abrelatas
→ **Son invariables**

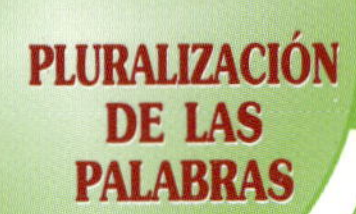

¡A jugar y ejercitar!

1) Crucipluralgrama para atentos

Deberán completar los casilleros teniendo en cuenta las referencias. Como ven, no hay números, así que tendrán que hacerlo contando letras, casilleros y... recordando las reglas para formar los plurales. (¡Atención! Las vocales con acento ortográfico deben coincidir.) Una vez que estén ubicadas todas las palabras, utilícenlas para completar la *historia disparatada*...

Referencias

Plural de:
látex, recital, chimpancé, paréntesis, virrey, ananá, largavistas, champú, iris, veloz, dosis.

En una reunión de .... (1) se produjeron graves incidentes. Mientras estaban hablando en el jardín real, les comenzaron a llover .... (2) sobre sus cabezas. Tuvieron que hacer varios .... (3) en la conversación pero al final huyeron............................ (4) . Para aclarar el misterio del insólito hecho, fueron a ver al jardinero, que en ese momento estaba llenando baldes con .... (5) para hacer caucho. Le contaron lo que pasaba y lo llevaron hasta el lugar. El anciano no podía ver nada porque tenía los dos .... (6) irritados. Le alcanzaron todos los.................................. (7) que había en el palacio. Con uno de ellos pudo distinguir, a lo lejos, a varios .... (8) con las famosas frutas en las manos. Se lo comunicó al rey, que hizo preparar un líquido para adormecerlos y cazarlos. Pero un mono que acostumbraba colgarse de la araña oyó el plan. Esa noche, los simios cambiaron las .... (9) de somnífero por los .... (10). A la mañana siguiente, cuando el rey y los .... (1) se lavaron el pelo, se quedaron dormidos por mucho tiempo. Tanto que los monos tuvieron tiempo de hacer varios............................ (11) de rock.

2) Escriban oraciones utilizando el plural de las siguientes palabras:

Convoy ....
Bisectriz ....
Esquí ....
Jabalí ....
Tabú ....
Yogur ....
Tórax ....
Pejerrey ....
Análisis ....
Ónix ....

¿Verificamos?

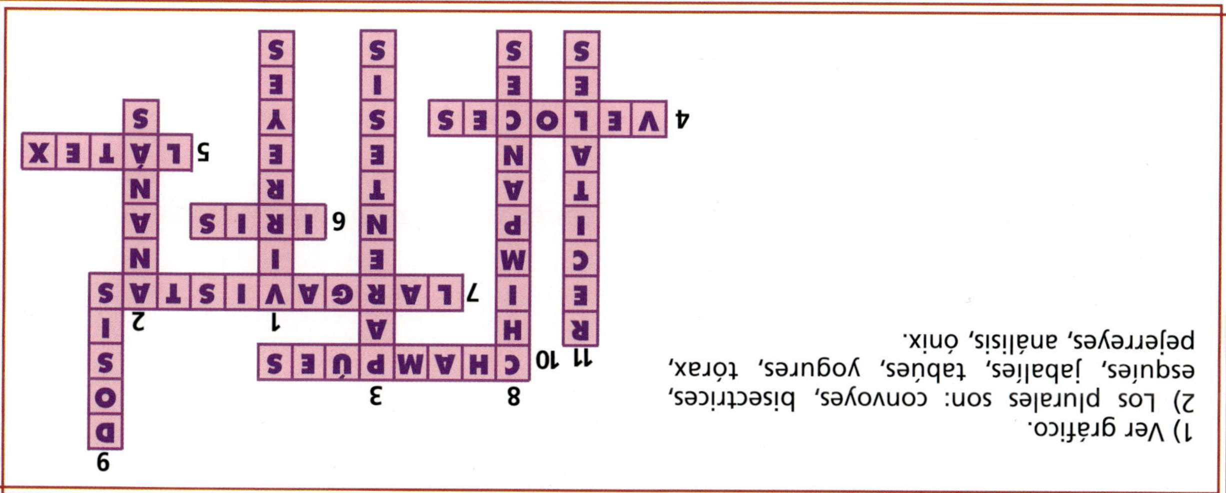

1) Ver gráfico.
2) Los plurales son: convoyes, bisectrices, esquíes, jabalíes, tabúes, yogures, tórax, pejerreyes, análisis, ónix.

ÍNDICE